Dinosaurier
XXL

Bibliografische Information der Deutschen Nationalbibliothek
Die Deutsche Nationalbibliothek verzeichnet diese Publikation in der
Deutschen Nationalbibliografie; detaillierte bibliografische Daten sind
im Internet über http://dnb.d-nb.de abrufbar.

Darren Naish,
geboren 1975, ist Paläozoologe und Wissenschaftspublizist. Er betreibt
zwei Weblogs zum Thema Zoologie bzw. Dinosaurier, war an dem auf-
sehenerregenden BBC-Projekt „Walking with Dinosaurs" beteiligt und
ist der Autor mehrerer wissenschaftlicher Publikationen sowie Kinder-
bücher über Dinosaurier und prähistorische Tiere.

© 2010 Marshall Editions, The Old Brewery,
6 Blundell Street, London N7 9 BH
Zuerst erschienen unter dem Titel *Dinosaur Life Size*

© der deutschsprachigen Ausgabe Meyers 2012,
Bibliographisches Institut GmbH
Dudenstraße 6, 68167 Mannheim
Alle Rechte vorbehalten.
Redaktion: Jasna Zagorc
Lektorat: Bärbel Oftring
Aus dem Englischen von Wolfgang Hensel
Umschlaggestaltung: Michael Acker
Printed in China
978-3-411-07096-1
www.meyers.de

Dinosaurier
XXL

Darren Naish

Aus dem Englischen von
Wolfgang Hensel

Meyers Kinder- und Jugendbücher

Inhalt

Im Detail

Das rot umrandete Kästchen markiert den Körperteil, der in einer Abbildung daneben im Detail dargestellt ist. Manchmal ist das Detail aber auch ohne Kästchen eindeutig zu erkennen.

Im Detail

Der Körperteil eines Dinosauriers, der dieses Schildchen trägt, ist im Detail abgebildet. So kannst du dir besser vorstellen, wie **GROSS** oder wie klein diese aufregenden Tiere waren.

Im Detail

Dinosaurier in Lebensgröße

Kannst du dir auch nur annähernd vorstellen, wie groß die Schwanzstacheln eines *Stegosaurus* wirklich waren? Möchtest du einen Miniatur-Dinosaurier als Haustier halten, wenn das möglich wäre? Gab es überhaupt so kleine Dinosaurier? Und wie winzig kämst du dir neben einem langhalsigen Riesendinosaurier vor, der viel länger als ein Bus war?

In diesem Buch findest du Antworten auf diese und andere Fragen: Die Abbildungen zeigen Teile von großen und kleinen Dinosauriern im Detail. Du brauchst also nicht unbedingt ins Museum zu gehen und Knochen anzuschauen, denn die Bilder zeigen dir, wie groß diese unglaublichen urzeitlichen Tiere wirklich waren.

Dinosaurier waren Kriechtiere (Reptilien), die 250 bis 65 Millionen Jahren vor heute im Erdmittelalter (Mesozoikum) gelebt haben. Das Mesozoikum ist in die Trias, den Jura und die Kreide untergliedert. Die ältesten Dinosaurier entstanden in der Trias aus Reptilienvorfahren. Sie vermehrten sich stark und waren schließlich „Herrscher der Erde". Dennoch starben sie bei einer globalen Katastrophe am Ende der Kreide vor 65 Millionen Jahren fast vollständig aus. Allerdings verschwanden nicht alle Dinosaurier von der Erde. Schon im Jura entwickelten sich aus einer kleinen Gruppe gefiederter Dinosaurier die Vorfahren der Vögel – die lebenden Dinosaurier von heute.

Begleite uns auf einer Reise durch das Mesozoikum: Sie beginnt in der Trias, als die ersten Dinosaurier entstanden, und endet in der Kreide, als der mächtige *Triceratops* und der schreckliche *Tyrannosaurus* lebten. Die kleinsten gefiederten Dinosaurier waren vogelähnliche Raubtiere von der Größe unserer Krähen und Hühner. Den Größenrekord halten vierfüßige Riesen, gegen die sogar die meisten heutigen Wale klein aussahen. In dem Buch wirst du ihnen allen begegnen – dem winzigen *Compsognathus*, den *Maiasaura*-Müttern, die sich um ihre Jungen kümmerten, und dem gewaltigen *Argentinosaurus*.

Die größten Dinosaurier waren aber nicht nur die größten Landtiere, sondern auch die größten Tiere aller Zeiten. Natürlich gab es neben Riesen und Zwergen auch viele mittelgroße Dinosaurier. Sie wurden etwa so groß wie unsere Nashörner und Bisons.

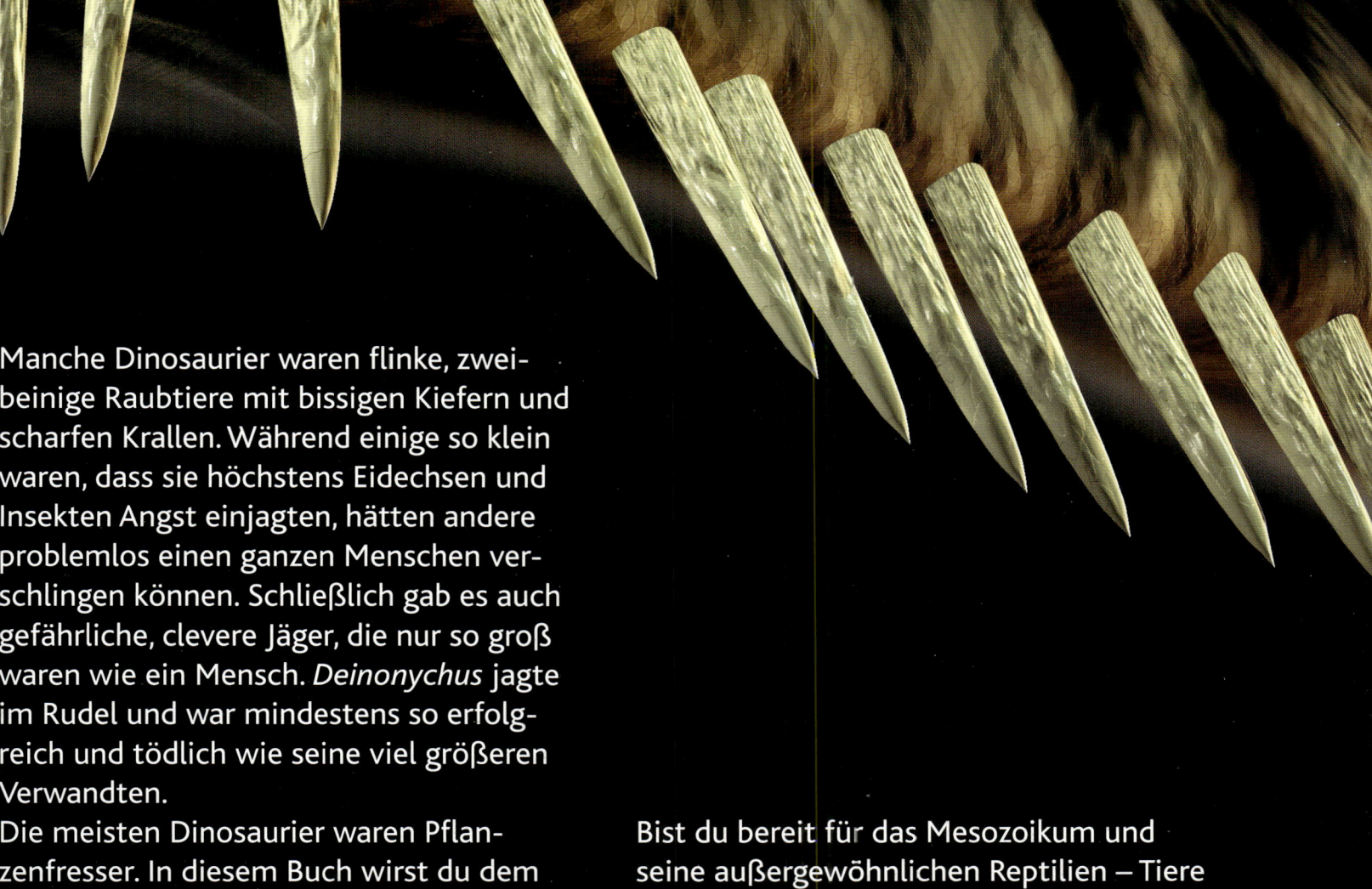

Manche Dinosaurier waren flinke, zweibeinige Raubtiere mit bissigen Kiefern und
scharfen Krallen. Während einige so klein
waren, dass sie höchstens Eidechsen und
Insekten Angst einjagten, hätten andere
problemlos einen ganzen Menschen verschlingen können. Schließlich gab es auch
gefährliche, clevere Jäger, die nur so groß
waren wie ein Mensch. *Deinonychus* jagte
im Rudel und war mindestens so erfolg-
reich und tödlich wie seine viel größeren
Verwandten.

Die meisten Dinosaurier waren Pflanzenfresser. In diesem Buch wirst du dem
geschnäbelten *Iguanodon* mit seinen Dau-
menstacheln, dem *Stegosaurus* mit spitzen Schwanzstacheln und dem Triceratops
begegnen, der wie ein Nashorn aussah.
Die größten Pflanzenfresser waren lang-
schwänzige Sauropoden wie *Diplodocus*
und *Argentinosaurus*.

Die Dinosaurier waren aber längst nicht
die einzigen aufregenden Tiere des Meso-
zoikums. Die Pterosaurier waren geflügelte
Reptilien, die den Luftraum über den Köpfen der Dinosaurier beherrschten. Im Meer
schwammen außergewöhnliche Reptilien,
etwa die fleischfressenden Plesiosaurier.
Neben den Formen mit riesigen Krokodils-
köpfen und gewaltigen Krallen hätten unsere heutigen Meeresraubtiere wie Zwerge
ausgesehen – auch diese furchterregenden
Kreaturen findest du in diesem Buch.

Bist du bereit für das Mesozoikum und
seine außergewöhnlichen Reptilien – Tiere
an Land, im Meer und in der Luft? In einem
Quiz am Ende des Buches kannst du über-
prüfen, ob du zum Experten für Dinosaurier
geworden bist.

Darren Naish

Die Erde im Jura

206–146 Millionen Jahre vor heute

Im Jura brach der Superkontinent Pangäa in den Nordkontinent Laurasia und den Südkontinent Gondwana auseinander. Dazwischen dehnte sich das Tethys-Meer aus. Im Jura stieg der Meeresspiegel stark an und tief gelegene Landstriche wurden überflutet. Damals lag ganz Europa unter dem Meeresspiegel, nur einige Gebirge ragten als Inseln heraus.

Das Klima im Jura

Im Jura herrschte ein warmes Klima mit Temperaturen bis zu 30 °C und stark ausgeprägten Jahreszeiten. Insgesamt wurde es deutlich kühler als in der Trias. In den höheren Breitengraden, wie dem heutigen Australien, herrschte gemäßigtes Klima. Es regnete viel, vor allem in den gemäßigten und kühleren Klimazonen.

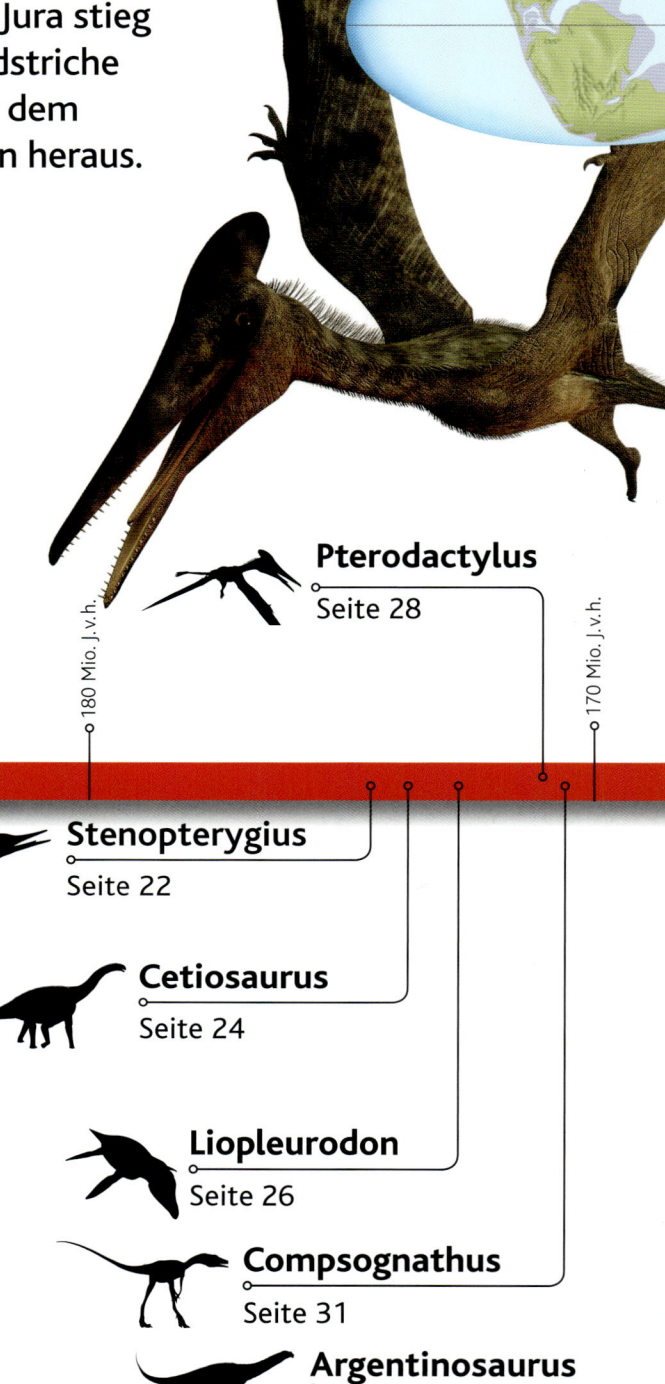

Lesothosaurus
Seite 20

Pterodactylus
Seite 28

206 Mio. J.v.h.

200 Mio. J.v.h.

180 Mio. J.v.h.

170 Mio. J.v.h.

Plesiosaurus
Seite 18

Stenopterygius
Seite 22

Cetiosaurus
Seite 24

Die Tiere des Juras

Salamander, Eidechsen und die ersten Frösche entwickelten sich. Die Säugetiere, die seit der Trias auf der Erde lebten, eroberten immer mehr Lebensräume. Sie waren aber nur entfernt mit den heute lebenden Arten verwandt. Es gab Libellen, Käfer und die ersten Schmetterlinge. Im Meer tauchten die fischartigen Ichtyosaurier und viele Plesiosaurier mit kurzen oder langen Hälsen auf. Schwämme bauten gewaltige Riffe und neue Schalentiere entwickelten sich. Besonders häufig waren schwimmende Weichtiere, wie die Ammoniten und Belemniten.

Liopleurodon
Seite 26

Compsognathus
Seite 31

Argentinosaurus
Seite 29

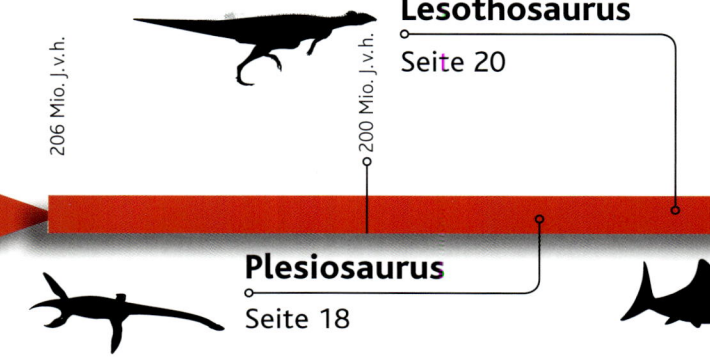

Die Erde in der Trias
248–206 Millionen Jahre vor heute

Während der Trias war die gesamte Landmasse der Erde in dem einzigen Superkontinent Pangäa vereinigt. Er erstreckte sich vom Nord- bis zum Südpol. Da die riesige Fläche eine vergleichsweise kurze Küste hatte, herrschte im Inneren des Kontinents eine extreme Hitze. Pangäa war von dem gewaltigen Urozean Panthalassa umgeben – ein zusammenhängendes, ungeheuer großes Weltmeer.

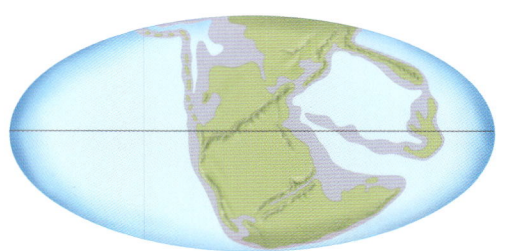

Das Klima in der Trias

Die Trias war eine der heißesten Klimaperioden in der Erdgeschichte. Im Innern von Pangäa herrschte ein heißes, trockenes, wüstenhaftes Klima. In einigen Regionen wurde es am Tag heißer als 50 °C. Selbst an den Polen war es warm; sie waren damals nicht vereist. An den Küsten wurde es kaum kühler, denn die Temperatur der Meeresoberfläche lag bei 38 °C.

Die Pflanzen der Trias

Viele Pflanzen der Trias sind heute ausgestorben. Die Forscher sind sich nicht sicher, ob sie mit bekannteren Pflanzen verwandt sind. Immerhin beweisen die Fossilien, dass sich die Farne stark entwickelten und die ersten Nadelbäume entstanden. Die Palmfarne, die schon seit dem Perm (die Periode vor der Trias) auf der Erde wuchsen, breiteten sich nun stärker aus.

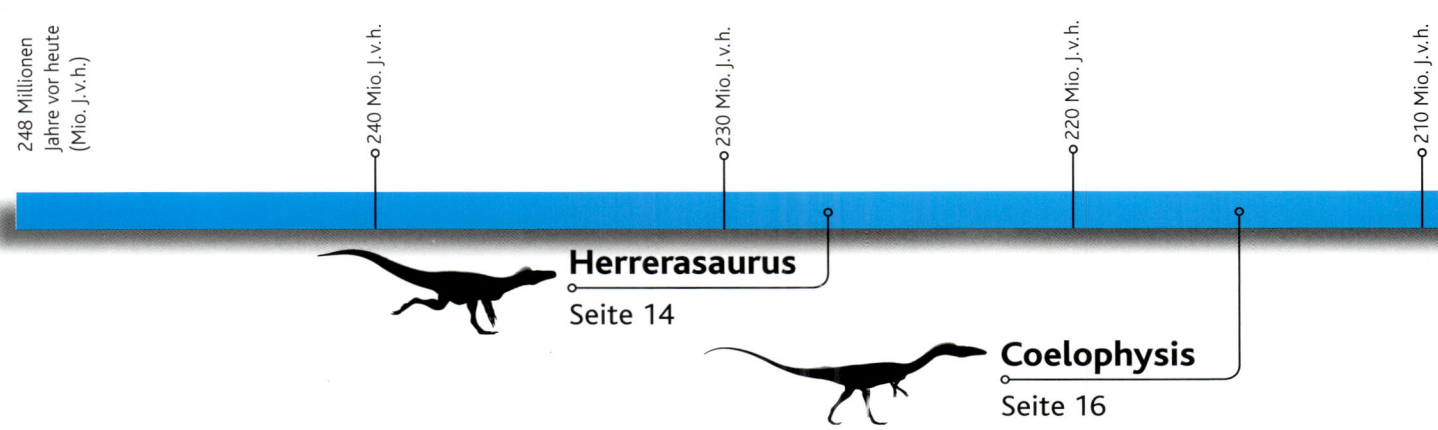

248 Millionen Jahre vor heute (Mio. J. v. h.)

240 Mio. J. v. h.

230 Mio. J. v. h.

220 Mio. J. v. h.

210 Mio. J. v. h.

Herrerasaurus
Seite 14

Coelophysis
Seite 16

Die Tiere der Trias

Die meisten Tiere der Trias sahen völlig anders aus als die heutigen Tierarten. In den Sümpfen suchten riesige, urtümliche Amphibien (Lurche) nach Futter. Die Synapsiden waren wichtige Raubtiere – auch die Vorfahren der späteren Säugetiere waren Synapsiden. Die ersten Dinosaurier und Krokodile entwickelten sich weiter und Pterosaurier und Schildkröten tauchten auf. Im Meer lebten unterschiedliche Formen von Muscheln, dazu Korallen und Seeigel, die den heutigen schon recht ähnlich sahen.

Die Dinosaurier der Trias

In der Trias lebten nur wenige Dinosaurier. Heute wissen wir, dass viele „Dinosaurierfossilien" aus der Trias in Wirklichkeit zu einer anderen Gruppe von Reptilien gehörten. Erst in der Oberen Trias treten echte schnelle, zweibeinige Dinosaurier mit Greifhänden auf. Auch die Vorfahren der anderen Dinosauriergruppen erscheinen auf der Bildfläche, sie waren aber mit weniger als 2 m ziemlich klein. An Land lebten Reptilien, die mit den Krokodilen verwandt waren.

Die hier unten abgebildeten Dinosaurier sind nicht alle im selben Maßstab dargestellt.

Zeittafel der Dinosaurier

de

n Groß-
nächst
rika,
n.
niteinander
ßlich
e.

Die Pflanzen der Kreide

In einigen Regionen wuchsen vorwiegend Palmfarne, Nadelbäume und andere typische Jura-Pflanzen. Das wichtigste Ereignis war aber die Entstehung und Ausbreitung der Blütenpflanzen (Angiospermen). Möglicherweise gab es bereits im Jura, vielleicht sogar schon in der Trias, Vorläufer der Blütenpflanzen, doch erst in der Kreide sind die Fossilien eindeutig Angiospermen (Bedecktsamer). Seerosen und Magnolien gehören zu diesen sehr frühen Angiospermen.

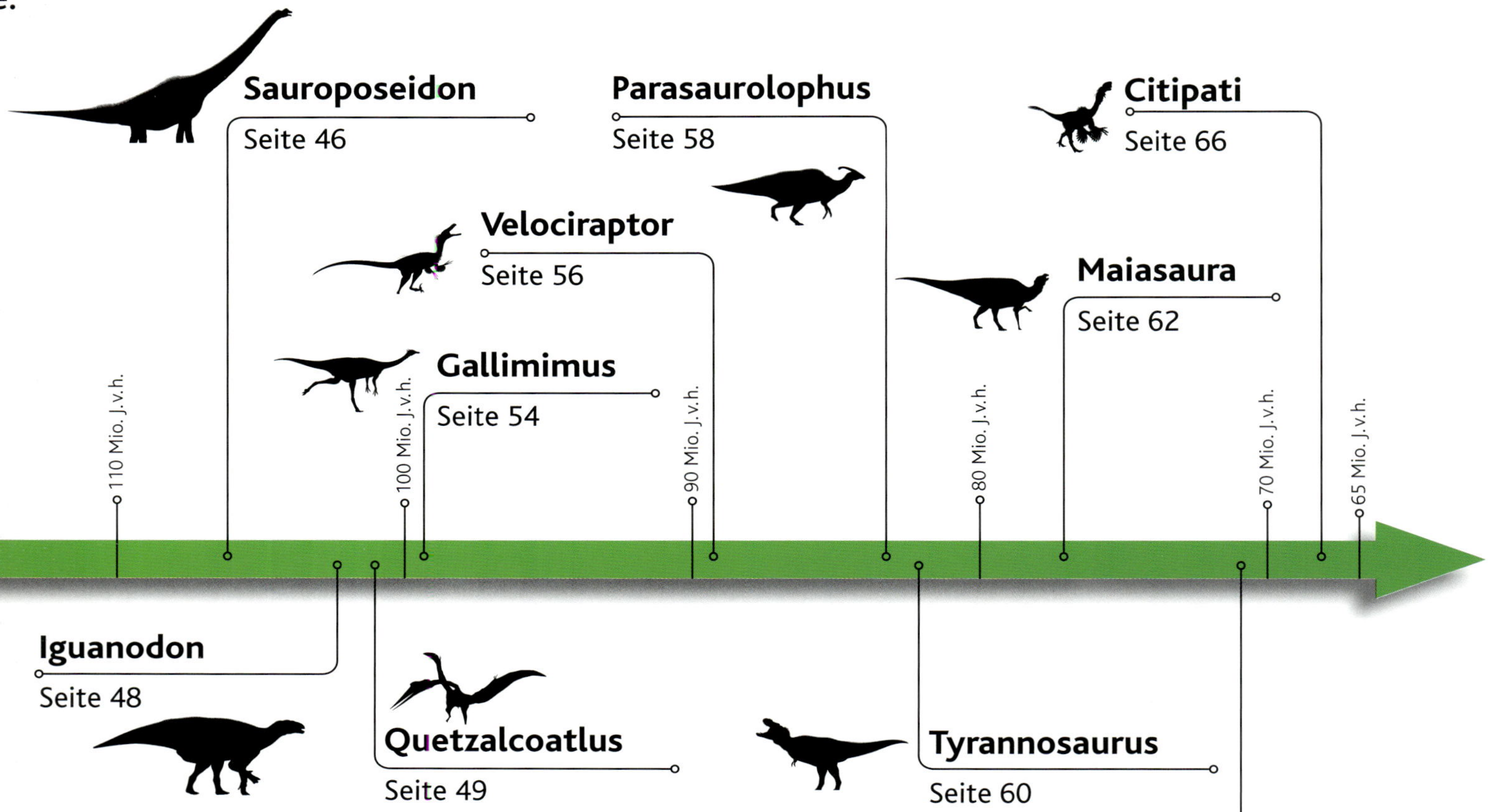

Sauroposeidon
Seite 46

Parasaurolophus
Seite 58

Citipati
Seite 66

Velociraptor
Seite 56

Maiasaura
Seite 62

Gallimimus
Seite 54

110 Mio. J.v.h.

100 Mio. J.v.h.

90 Mio. J.v.h.

80 Mio. J.v.h.

70 Mio. J.v.h.

65 Mio. J.v.h.

Iguanodon
Seite 48

Quetzalcoatlus
Seite 49

Tyrannosaurus
Seite 60

Die Dinosaurier der Kreide

Neue Formen von Dinosauriern entstanden und breiteten sich stärker aus. Die Tyrannosaurier des Juras wuchsen zu riesigen Arten heran. Auch die fleischfressenden Spinosaurier und Allosaurier erreichten enorme Größen. Aus den gehörnten Dinosauriern (Ceratopsiden) entwickelten sich mächtige, vierbeinige Formen, wie der an ein Nashorn erinnernde *Triceratops*. Aus einem *Iguanodon*-ähnlichen Vorfahren entwickelten sich die Entenschnabeldinosaurier (Hadrosaurier). Sie gehören, wie der Pflanzenfresser *Iguanodon* selbst, zu den Ornithopoden. Hadrosaurier wurden zu den häufigsten Dinosauriern der Nordhalbkugel.

Triceratops
Seite 64

Die Pflanzen des Juras

In den Wäldern des Juras wuchsen vor allem Nadelbäume, Ginkgos und Farne. Die Farne sahen aber nicht alle so aus wie die kleinen Schattenpflanzen von heute. Stattdessen gab es ganze Wälder aus baumhohen Farnen. In den heißen, trockenen Klimazonen in der Nähe des Äquators wuchsen Baumfarne und eine heute ausgestorbene Gruppe von ähnlichen Pflanzen – die Bennettitales. Während in den heißen Regionen vor allem Büsche und lichte Wälder wuchsen, waren die nördlich und südlich liegenden Regionen von dichten, üppigen Wäldern bedeckt.

Die Erde in der Krei

146–65 Millionen Jahre vor heute

Durch Bewegungen der Erdkruste brachen die beide kontinente auseinander. Aus Gondwana wurden zu zwei, später die heutigen Landmassen von Südame Antarktis, Afrika, Madagaskar, Indien und Australi Nordamerika und Europa, die noch über Grönland verbunden waren, trennten sich voneinander. Schlie sah die Oberfläche der Erde so ähnlich aus wie heu

Das Klima in der Kreide

Wegen des hohen Meeresspiegels teilte ein Meer Nordamerika in einen östlichen und einen westlichen Teil. Auch große Teile von Europa, Ostasien und Nordafrika waren noch überflutet. In den warmen, flachen Meeren entwickelte sich ein reiches, tropisches Tierleben. Insgesamt herrschte wärmeres Klima als heute. Obwohl an den Polen dichter Wald wuchs, gibt es einzelne Hinweise auf vereiste Polkappen – vielleicht nur zu bestimmten Jahreszeiten.

Diplodocus
Seite 38

Archaeopteryx
Seite 36

160 Mio. J.v.h.

150 Mio. J.v.h.

144 Mio. J.v.h.

140 Mio. J.v.h.

130 Mio. J.v.h.

120 Mio. J.v.h.

Allosaurus
Seite 34

Stegosaurus
Seite 40

Microraptor
Seite 42

Deinonychus
Seite 44

Die Dinosaurier des Juras

Im Jura beherrschten die Dinosaurier die Erde. Die riesigen, langhalsigen Sauropoden, die größten landlebenden Tiere aller Zeiten, waren weit verbreitet. Gegen Ende des Juras kamen überall auf der Erde gewaltige Theropoden wie der *Allosaurus* und der Hörner tragende *Ceratosaurus* vor. Neben ihnen lebten kleinere, fleischfressende Dinosaurier, von denen aber nur selten Fossilien gefunden wurden. In einer Verwandtschaftsgruppe tauchten Formen mit Federn auf, aus denen sich die Vögel entwickeln sollten.

Die Tiere der Kreide

Die Eidechsen, Schlangen und Insekten sahen den heutigen Formen bereits ähnlich. Die zahnlosen Vögel entwickelten sich weiter, und einige neue Säugetierarten, frühe Vorfahren der heutigen Beuteltiere, tauchten auf. Moderne Insekten – Termiten, Ameisen und Fliegen – erschienen auf der Bildfläche. Im Meer entwickelten sich die vorhandenen Formen zu neuen Fischen, Schalentieren und anderen Tieren. Die Riffe und Meeresböden der Kreide ähnelten bereits den heutigen. Neben den immer noch zahlreichen Ammoniten tauchten Krebse und Kalmare auf. Die fischförmigen Ichthyosaurier wurden seltener, die Plesiosaurier häufiger. Aus Land- wurden Meeresschildkröten und mit den Mosasauriern eroberte eine neue Form von Echsen das Meer.

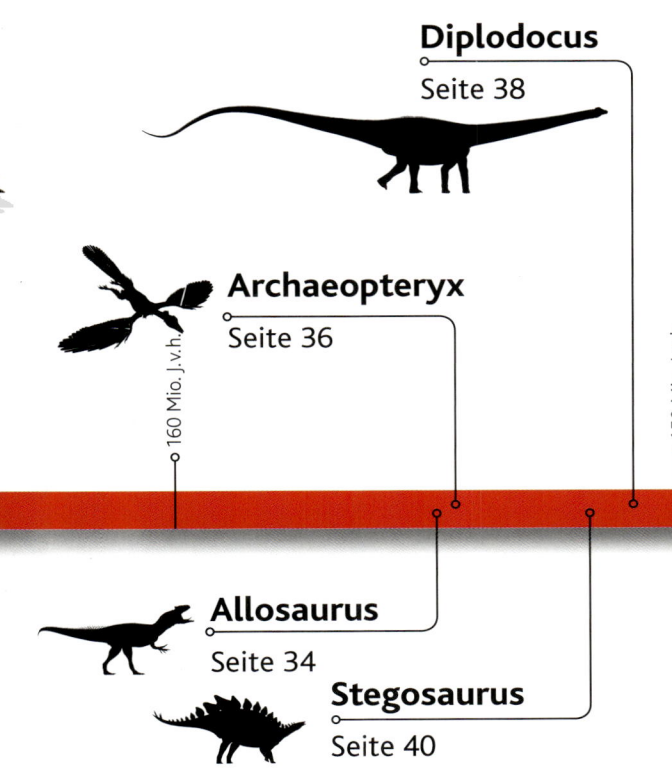

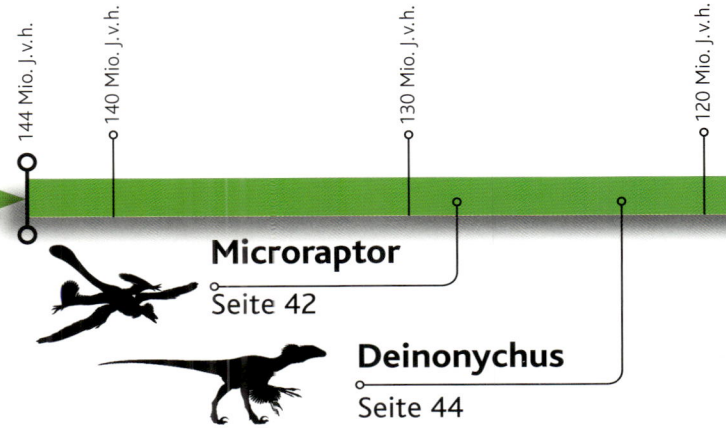

Herrerasaurus

Ein wildes Raubtier

Herrerasaurus ist einer der ältesten bisher gefundenen Dinosaurier. Dieser kräftige, zweibeinige Fleischfresser der Trias hatte große, spitze Zähne und gefährliche Krallen an den Händen. Er jagte pflanzenfressende Dinosaurier und andere Reptilien.

WOW!
Fleischfresser hatten kein leichtes Leben. In einem Schädel von *Herrerasaurus* (1988 ausgegraben) hatten sich tiefe Biss-Spuren im Unterkiefer eingegraben. Sie stammten vom Angriff eines anderen Raubtiers, vielleicht sogar von einem anderen *Herrerasaurus*.

Wo lebte er?

ARGENTINIEN

Herrerasaurus kam nur im heutigen Argentinien vor. Die ersten Fossilien wurden zu Beginn der 1960er-Jahre ausgegraben. Damals waren die Funde ziemlich verwirrend. Aus den Knochen ließ sich nicht ablesen, wie *Herrerasaurus* ausgesehen hatte. Einige Paläontologen hielten ihn für einen frühen Sauropoden (das sind riesige Dinosaurier mit langen Hälsen). Erst als in den 1990er-Jahren weitere Knochen und ein Schädel gefunden wurden, konnte sein Aussehen rekonstruiert werden.

So sah er aus

Dieser zweibeinige Saurier glich mit seinen kräftigen Armen, Krallen an den Fingern und vogelartigen Füßen den Raubsauriern des Jura und der Kreide – *Allosaurus* und *Tyrannosaurus*. Er war allerdings nur „mittelgroß" und sah „primitiver" aus als die späteren Fleischfresser. Sein Kopf war kastenförmig mit stumpfer Nase und sehr langen Zähnen im Oberkiefer. Jede Hand hatte fünf Finger, der vierte und fünfte waren aber nur sehr klein.

Wie viele andere Fleischfresser hatte auch *Herrerasaurus* Schwanzwirbel mit ungewöhnlichen Fortsätzen. Sie hielten den Schwanz gerade und steif.

Bei den frühen, ursprünglichen Dinosauriern wie *Herrerasaurus* waren die Oberschenkelmuskeln schwächer entwickelt als bei späteren Formen. Dennoch waren sie sehr schnelle Läufer.

Die Halsmuskeln waren kräftig entwickelt. Wenn er sich in seinem Opfer verbissen hatte, riss er den Kopf zurück und zerrte Fleischbrocken heraus.

Die riesigen Krallen waren größer als deine Hand!

Im Detail

WOW!

Obwohl er in der Trias lebte, hatte Herrerasaurus einen Körper, der in vielen Details ziemlich „fortschrittlich" gebaut war. Seine Hüftknochen waren beispielsweise völlig anders geformt als bei den Dinosauriern, die gleichzeitig lebten.

Wie groß?

Länge: 4 m
Gewicht: 210 kg

Ein frühes Raubtier mit enormen Zähnen und scharfen Krallen an den Fingern.

Das erzählen die Knochen

Der Unterkiefer von *Herrerasaurus* bestand wie bei den meisten Reptilien aus mehreren Einzelknochen. Da sie in der Mitte durch ein elastisches Band verbunden waren, konnte der Dinosaurier sein Maul ungewöhnlich weit aufreißen und riesige Fleischbrocken verschlingen.

Coelophysis
Ein eleganter Dinosaurier

Coelophysis war ein schlanker, schneller Dinosaurier. In seinem langen Kiefer steckten gebogene, dolchartige Zähne. Der kleine Fleischfresser lief auf zwei Beinen. Die Übersetzung seines Namens lautet „hohle Form".

So sah er aus

Der schnelle, bewegliche *Coelophysis* hatte hohle Knochen, eine schnabelartige Schnauze und viele andere Merkmale der ersten Vögel. In seinen Kiefern steckten über hundert spitze Zähne mit Sägekanten. Seine schlanken Arme waren deutlich kürzer als die Beine und endeten in langen Fingern mit scharfen Krallen. Wahrscheinlich lief er auf den Hinterbeinen. Die dünnen, hohlen Knochen sprechen dafür, dass er sehr beweglich war, und die großen Augen für ein Raubtier, das auf Sicht jagte.

Coelophysis konnte nur drei seiner vier Finger bewegen. Der vierte war vom Fleisch der Hand überwachsen.

Die Spitze des langen, knochigen Schwanzes war mit Knochenstäben verstärkt, die sich überlappten; er muss starr und stabil gewesen sein.

Die schlanken Hinterbeine endeten in einem Fuß mit drei Zehen – gut für einen schnellen Läufer, der Balance halten muss.

In den Kiefern stecken über

Wo lebte er?

Der Hobby-Fossiliensammler David Baldwin fand 1881 die ersten Fossilien auf der Ghost Ranch in New Mexico. Da die Knochen schlecht erhalten waren, konnte man sich noch kein Bild des Dinosauriers machen. Als Edwin Colbert den Fundort 1947 nochmals untersuchte, entdeckte er einen ganzen „Friedhof" mit versteinerten *Coelophysis*. Vermutlich wurde eine Herde dieser Dinosaurier von einer Flutwelle überrascht und gleichzeitig verschüttet.

USA

WOW!
Auf der Ghost Ranch lagen 100 männliche, weibliche und Baby-Dinosaurier. Es handelt sich um einen der besten Fundorte mit kompletten Skeletten.

100 tödliche Zähne!

Wie groß?

Länge: 3 m
Höhe: 1 m | Gewicht: 45 kg

Obwohl das Skelett eines ausgewachsenen Tieres sehr lang ist, war Coelophysis dank seiner hohlen Knochen und des schlanken Körperbaus ziemlich leicht.

Das erzählen die Knochen

Auf der Ghost Ranch lagen Hunderte von Skeletten wild durcheinander. Zuerst dachten die Forscher, *Coelophysis* würde seine eigenen Artgenossen fressen. Später stellte sich aber heraus, dass er nur kleine, krokodilähnliche Reptilien fraß.

Plesiosaurus

Vier Flossen und ein langer Hals

Plesiosaurier waren Meeresreptilien mit Flossen, die zur gleichen Zeit wie die Dinosaurier lebten. Sie waren aber keine Dinosaurier, nicht einmal näher mit ihnen verwandt. *Plesiosaurus* ist einer der bekanntesten Vertreter der Plesiosaurier – ein Raubtier mit langem Hals und riesigen Augen.

Wo lebte er?

ENGLAND

Plesiosaurus wurde in den 1820er-Jahren von Mary Anning in Lyme Regis (England) entdeckt. Die Wissenschaftler waren zunächst begeistert über den langen Hals. Als sie aber eine Bruchstelle an der Halswurzel entdeckten, hielten sie das Fossil für eine Fälschung. Spätere Funde bewiesen aber eindeutig, dass *Plesiosaurus* wirklich so ausgesehen hatte. *Plesiosaurus*-Fossilien gibt es nur in England.

So sah er aus

Alle Plesiosaurier „flogen" mit zwei Paar Flossen durch das Wasser. Die Plesiosaurier hatten mehr Finger- und Zehenknochen als die übrigen Reptilien. Daher waren ihre Hände und Füße länger und sahen eher aus wie Flossen. Der Körper wurde durch flache, breite Knochen an Schulter und Hüfte sowie durch miteinander verbundene „Bauchrippen" versteift. Vielleicht setzte am kurzen Schwanz noch eine kleine Flosse an. Wahrscheinlich konnte *Plesiosaurus* den langen Hals hin und her bewegen. Im Vergleich mit anderen Plesiosauriern hatte er einen kurzen und breiten Kopf mit riesigen Augen, die zur Seite und nach oben sehen konnten. Seine spitzen, dünnen Zähne waren leicht gebogen.

Der Hals bestand aus 40 Wirbelknochen.

Luftröhre und Schlund müssen sehr lang gewesen sein.

Die langen, schlanken Flossen waren wie Flügel geformt. Beim Schwimmen schlug er damit auf und ab.

Jede Menge spitze Zähne

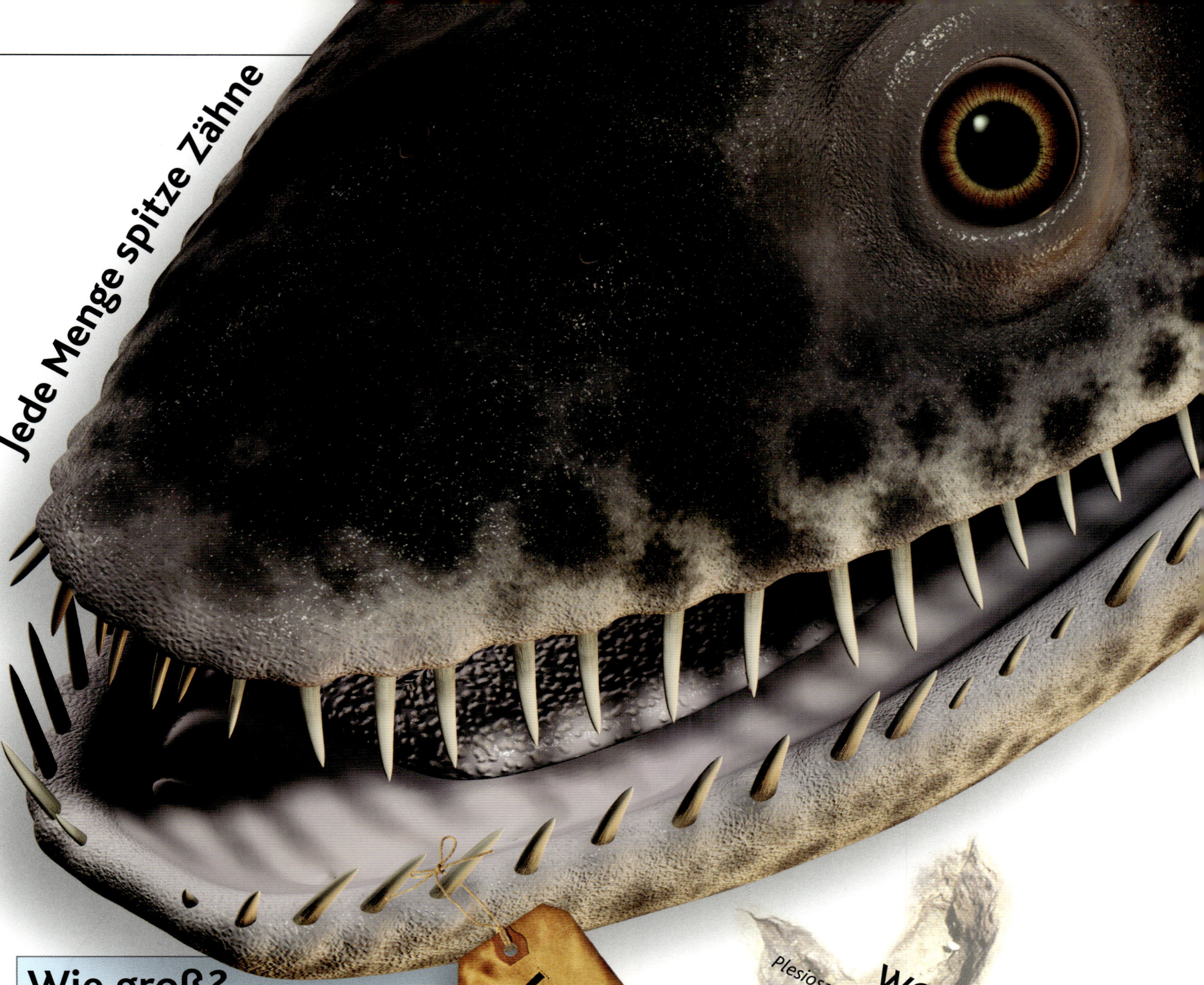

Im Detail

Wie groß?

Länge: 4 m
Gewicht: 200 kg

Keine der heutigen Tierarten ähnelt diesem Raubtier mit vier Flossen und langem Hals. Allerdings hält sich die Legende, dass das Monster von Loch Ness ein Plesiosaurier sein könnte.

WOW!

Plesiosaurus hatte 38–42 Halswirbel (du hast nur sieben). Das erklärt, warum sein Hals viel länger war als bei anderen Reptilien. Andere Plesiosaurier hatten sogar 50, 60 oder 70 Halswirbel.

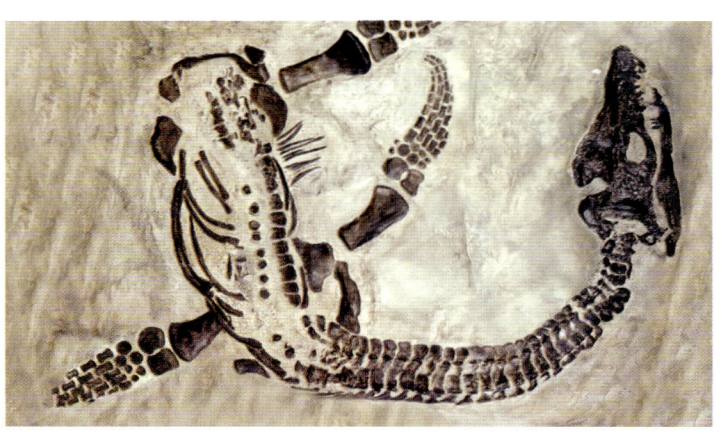

Das erzählen die Knochen

Da keine Fossilien mit Mageninhalt gefunden wurden, lässt sich nicht beweisen, was *Plesiosaurus* tatsächlich gefressen hat. Allerdings sprechen seine Zähne und die Kopfform dafür, dass er Fische und Weichtiere jagte. Vielleicht hat er auch Krabben und andere Tiere am Meeresboden erbeutet.

Lesothosaurus

Ein schneller früher Pflanzenfresser

Lesothosaurus ist einer der ältesten und damit ein sehr ursprünglicher Pflanzenfresser. Wie die meisten anderen frühen Dinosaurier war er klein und lief auf zwei Beinen. Er musste vermutlich schnell sein, um den Raubtieren seiner Zeit zu entkommen.

Wo lebte er?

Lesothosaurus trägt seinen Namen nach dem Fundort im südafrikanischen Staat Lesotho. Die ersten Fossilien wurden zu Beginn der 1960er-Jahre entdeckt; im selben Jahrzehnt gelangen noch weitere Funde. *Lesothosaurus* lebte zusammen mit vielen anderen Dinosauriern des Unteren Juras, etwa mit langhalsigen Allesfressern und dem schlanken Fleischfresser *Coelophysis*. Im Unteren Jura gab es zwar nicht viele kleine Pflanzenfresser wie *Lesothosaurus*, sie kamen aber vermutlich auf der ganzen Erde vor.

So sah er aus

Lesothosaurus war ein kleiner, zweibeiniger Dinosaurier mit kurzen Armen, kleinen Händen und großen Augen. Er hatte eine spitz zulaufende Schnauze und seine Kiefer endeten vorn in einer Art Schnabel. Wahrscheinlich zog er mit den Händen Zweige heran und riss die Blätter und Knospen mit dem „Kieferschnabel" ab. Er hatte kräftige Beinmuskeln und lange, schmale Füße mit vier Zehen. Ähnlich wie die späteren Vogelbeckensaurier (ihre Hüftknochen finden sich auch bei modernen Vögeln) zeigten die stabförmigen Hüftknochen nach hinten. Damit hatte der Darm von *Lesothosaurus* mehr Platz im Bauch. Pflanzenfresser brauchen einen langen Darm zum Verdauen der Pflanzennahrung und Raum für blähende Gase.

Vielleicht war der kleine Pflanzenfresser *Lesothosaurus* zur Tarnung vor den Raubtieren unauffällig gemustert.

Lange, schlanke Beine mit vier scharfen Krallen. Damit konnte er sowohl gut rennen als auch graben.

Kopf, Hals und Arme waren knochig und leicht gebaut.

Wie groß?

Länge: 1 m
Gewicht: 20 kg

Wahrscheinlich waren Dinosaurier wie *Lesotho-saurus* wegen der massigen Muskeln an Schwanz und Beinen ziemlich schwer für ihre Größe.

WOW!

Im Unteren Jura lebten auf der Erde nur wenige kleine Pflanzenfresser wie *Lesothosaurus*. Die großen Pflanzenfresser, vor allem Vorfahren der Sauro-poden, waren in der Überzahl.

Das erzählen die Knochen

Die blattförmigen Zähne mit Sägekanten waren gut geeignet, um Blätter zu kauen. Die heutigen Leguane haben ähnliche Zäh-ne. Vielleicht schnappte sich *Lesothosaurus* mit den spitzen Eckzähnen vorne im Ober-kiefer auch Insekten, Eidechsen und andere Kleintiere.

Stenopterygius
Eine schnelle Fischechse

Ichthyosaurier, sie werden manchmal Fischechsen genannt, waren fischförmige Reptilien, die sich während der Trias aus landlebenden Vorfahren entwickelten. *Stenopterygius* war einer dieser hoch entwickelten Ichthyosaurier. Äußerlich glich er den heutigen stromlinienförmigen Raubfischen, wie den Thunfischen oder Weißen Haien.

WOW!

Stenopterygius hatte zwar große Augen, doch bei manchen Ichthyosauriern waren sie echt riesig. Die Augen des europäischen Ichthyosauriers Temnodontosaurus, ebenfalls aus dem Jura, hatten einen Durchmesser von 26 cm – das ist so groß wie ein Teller!

Wusstest du das?

Die Flossen der Ichthyosaurier besaßen besonders lange Finger und Zehen, die mit steifem Gewebe und Haut zu einer Fläche verwachsen waren. Manche Ichthyosaurier hatten 30 Fingerknochen (deine Finger haben nur drei).

Wo lebte er?

DEUTSCHLAND

Da Hunderte von ausgezeichnet erhaltenen Skeletten gefunden wurden, ist *Stenopterygius* einer der am besten bekannten Ichthyosaurier der Welt. Bei manchen Fossilien hat sich sogar die äußere Körperform erhalten. Die meisten Fossilien stammen aus dem Unteren Jura und wurden bei Holzmaden in Süddeutschland gefunden, doch auch in England, Frankreich, Luxemburg und Argentinien wurden Fossilien entdeckt. Es sind mehrere Arten von *Stenopterygius* bekannt, die sich in Größe, Schnauzenform und Länge der Flossen unterscheiden.

Nadelspitze Zähne und riesige **Augen** für

Der Ichthyosaurier konnte mit starken Kiefermuskeln schnell und kräftig zubeißen.

Die steifen Hinterflossen wurden von drei langen Zehen gestützt.

Die harte, glatte Haut überzog einen stromlinienförmigen Körper.

So sah er aus

Stenopterygius war ein stromlinienförmiges Reptil mit einer langen, spitzen Schnauze, einem torpedoförmigen Körper und einer senkrecht stehenden Schwanzflosse. Die beiden Flossenpaare entsprachen den Armen und Beinen. Seine Vorderflossen waren größer als die hinteren. *Stenopterygius* konnte mit den großen Augen vermutlich sehr gut sehen. Seine Nasenlöcher lagen weit hinter der Schnauzenspitze unter den Augen. In den langen Kiefern steckten zahlreiche Zähne, die bei alten Tieren ausfielen.

Das erzählen die Knochen

In vielen Fossilien von *Stenopterygius* lagen Skelette von kleinen *Stenopterygius*. Da sie nicht im Magen lagen, waren es ungeborene Babys. Die meisten Babys wurden mit dem Schwanz voran geboren und schwammen für den ersten Atemzug direkt an die Oberfläche.

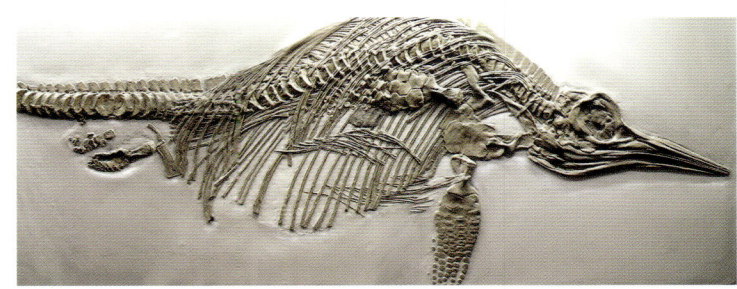

ein perfektes Raubtier!

Im Detail

Wie groß?

Länge: 4 m
Gewicht: 760 kg

Stenopterygius war ein mittelgroßer Ichthyosaurier, etwa so groß wie ein großer Delfin. Er schwamm auch wahrscheinlich so schnell wie ein Delfin, jagte Fische und Kalmare und konnte wie Delfine aus dem Wasser springen. Die *Stenopterygius*-Arten waren unterschiedlich groß: Während manche etwa 3 m lang wurden, erreichten andere eine Länge von 6 m und mehr.

Cetiosaurus

Erster Fund eines langhalsigen Riesen

Cetiosaurus war der erste Sauropode, den die Paläontologen ausgegraben hatten. Heute wissen wir, dass die Sauropoden Pflanzenfresser mit langen Hälsen, elefantenartigen Körpern und langen Schwänzen waren. Die ersten Fossilienjäger hatten davon keine Ahnung. Sie hielten *Cetiosaurus* für ein walartiges, schwimmendes Tier. Sein Name bedeutet „Walechse".

Wie groß?

Länge: 18 m
Gewicht: 13.600 kg (13,6 Tonnen)

Im Vergleich mit heutigen Tieren war *Cetiosaurus* sicher riesig, verglichen mit den anderen Sauropoden aber nur mittelgroß. Ein paar seiner Verwandten waren sehr viel größer. Für ihre Größe waren Sauropoden nicht besonders schwer, denn sie hatten Luftsäcke in den Knochen und im Körper. Ähnliche Luftsäcke finden sich bei den modernen Vögeln wieder. Tatsächlich waren einige Körpermerkmale der Sauropoden ziemlich vogelähnlich.

Cetiosaurus hatte kräftig entwickelte Hüften. Seine Hüftknochen waren über stabartige Knochen mit der Wirbelsäule verbunden.

Wahrscheinlich setzten viele Sauropoden ihre kräftigen Schwänze als Waffen ein.

Sauropoden wie *Cetiosaurus* hatten 13 Halswirbel. Wir haben nur sieben Halswirbel.

So sah er aus

Wie *Cetiosaurus* genau aussah, ist nicht bekannt. Wahrscheinlich lief er aber wie alle Sauropoden auf vier Beinen. Arme und Beine waren relativ schlank und säulenförmig, Hals und Schwanz lang gestreckt. Wir wissen nicht, ob er den Hals eher aufrecht, horizontal oder gesenkt hielt. Da sein Hals beweglich war, konnte er sowohl Pflanzen am Boden als auch Blätter von hohen Bäumen fressen.

Bisher wurde zwar noch kein Schädel von *Cetiosaurus* gefunden, er dürfte aber so ähnlich ausgesehen haben wie bei anderen Sauropoden: kurze, stumpfe Schnauze und große Nasenlöcher.

Im Detail

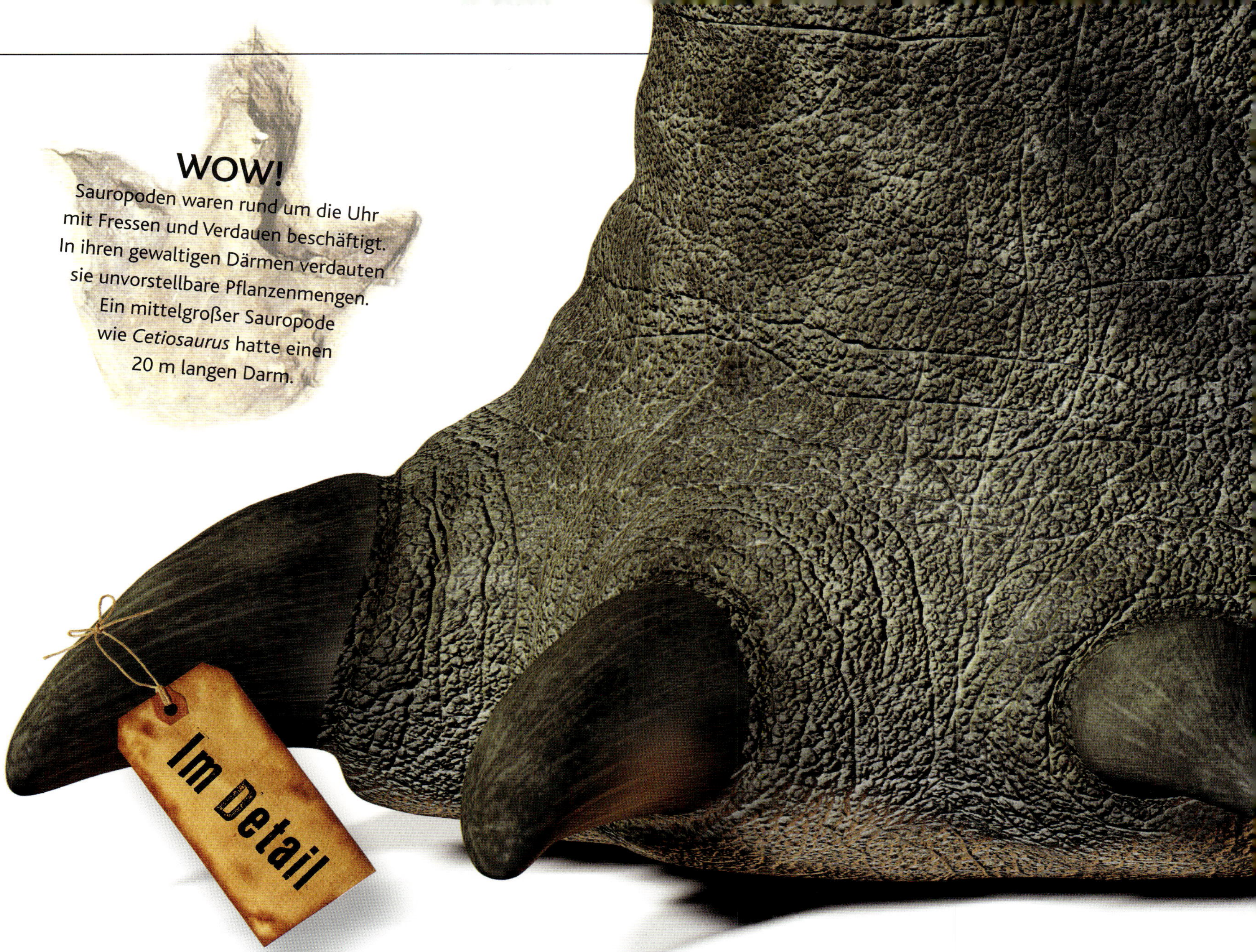

Das erzählen die Knochen

Cetiosaurus hatte, wie die meisten Sauropoden, eine große Daumenkralle. Mit diesem langen, flachen Werkzeug konnte er sich verteidigen oder Äste abbrechen.

Wo lebte er?

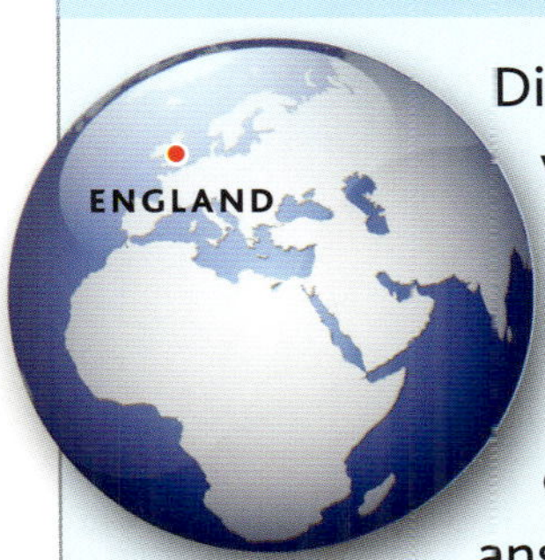

ENGLAND

Die ersten fossilen Knochen von *Cetiosaurus* wurden 1841 in Oxfordshire (England) entdeckt. Später kamen in England und anderen Ländern weitere Funde ans Licht, die für *Cetiosaurus* gehalten wurden. Heute wissen wir, dass diese Dinosaurier mit dem Sauropoden aus Oxfordshire nicht verwandt waren. Tatsächlich sind nur zwei gute *Cetiosaurus*-Fossilien bekannt. Eines wurde 1868 in Oxfordshire und das andere 1968 in Rutland (England) ausgegraben.

Liopleurodon
Super-Raubtier aus dem Jura-Meer

Bei einigen Plesiosauriern saßen kleine Köpfe auf einem langen Hals. *Liopleurodon* und andere hatten dagegen einen kurzen Hals und große Köpfe mit riesigen, kräftigen Kiefern und langen, spitzen Zähnen. Sein Name bedeutet „Zähne mit glatten Kanten". Die Pliosaurier, wie die kurzhalsigen Plesiosaurier genannt werden, waren die größten Meeresraubtiere aller Zeiten.

So sah er aus

Liopleurodon hatte den typischen steifen, tonnenförmigen Körper aller Plesiosaurier, zwei Paar Flossen und einen kurzen Schwanz. Im Unterschied zu dem langhalsigen *Plesiosaurus* war der Hals von *Liopleurodon* kürzer und der Schädel mehr krokodilartig. In den langen Kiefern steckten kegelförmige Zähne; etwa in der Mitte des Oberkiefers saßen vier besonders lange Zähne. Die riesigen Pliosaurier gleichen keinem heute lebenden Tier. Am ehes-

Wo lebte er?

Von *Liopleurodon* wurden zu Beginn der 1870er-Jahre in Frankreich nur ein paar Zähne entdeckt. Daher konnten die Experten nur vermuten, zu welcher Reptiliengruppe *Liopleurodon* gehörte. Später fand man viel besser erhaltene Fossilien in Frankreich, England und Deutschland. Jetzt war es möglich, sich ein Bild von dem Tier zu machen. Auch in Russland sind Fossilien von *Liopleurodon* gefunden worden.

FRANKREICH

WOW! Bissspuren am Hals von Plesiosauriern beweisen, dass Liopleurodon die Knochen seiner Beutetiere glatt zerbeißen konnte. Wahrscheinlich biss er kleineren Plesiosauriern zuerst die Flossen ab, um sie bewegungsunfähig zu machen.

Mit dem gewaltigen krokodilartigen Maul hätte *Liopleurodon* einen ganzen Menschen verschlingen können.

Die beiden hinteren Flossen waren länger und kräftiger als die Vorderflossen.

Im Detail

Kiefer mit langen, spitzen, wie Bananen gekrümmten Zähnen!

Wie groß?

Länge: 10 m
Gewicht: 6000 kg (6 Tonnen)
Ein durchschnittlicher Afrikanischer Elefant wiegt 5000 kg (5 Tonnen).

Es gibt nur wenige vollständig erhaltene Skelette der riesigen Pliosaurier, doch die Fossilien sprechen für 6–7 m lange Tiere. Einige Schädelbruchstücke und andere Knochen lassen sogar vermuten, dass es noch größere Exemplare gab – wahrscheinlich 10 m oder länger. Das Gewicht der großen Pliosaurier ist schwer abzuschätzen, doch sie waren vermutlich leichter als gleich große Wale. Wale sind wegen der dicken Fettschicht unter der Haut ziemlich schwer; Pliosauriern fehlt diese Schicht.

Das erzählen die Knochen

An den mächtigen, plattenförmigen Knochen an Brust und Hüfte setzten riesige Muskeln an, die zu den Flossen zogen. Das beweist, dass *Liopleurodon* auf der Jagd nach Beute sehr schnell schwimmen konnte.

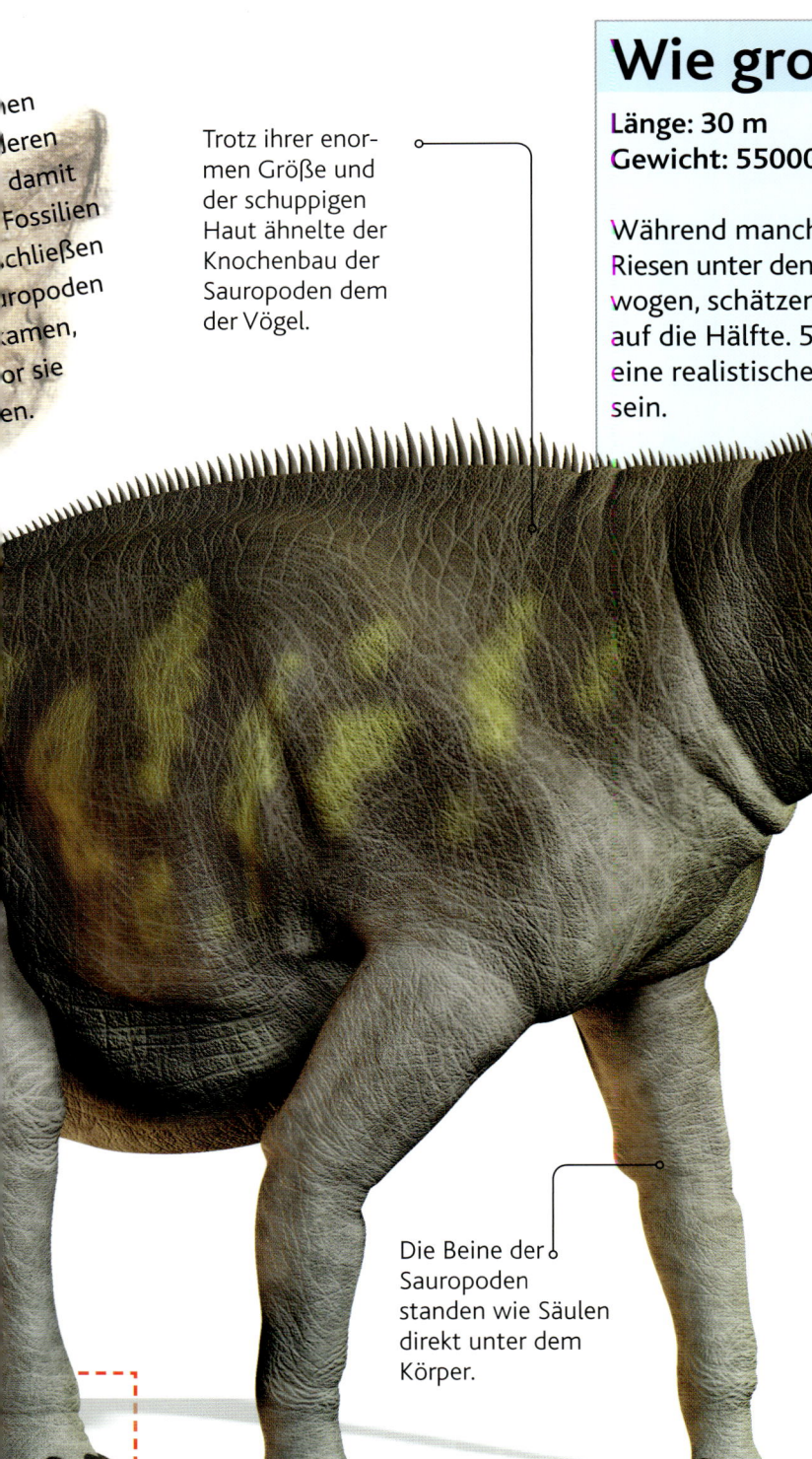

Trotz ihrer enormen Größe und der schuppigen Haut ähnelte der Knochenbau der Sauropoden dem der Vögel.

Wie groß?

Länge: 30 m
Gewicht: 55000 kg (55 Tonnen)

Während manche Experten vermuten, dass die Riesen unter den Sauropoden bis zu 90700 kg wogen, schätzen sie andere höchstens auf die Hälfte. 55000 kg dürften eine realistische Schätzung sein.

Durch den langen Hals verliefen die lange Luft- und die Speiseröhre.

Die Beine der Sauropoden standen wie Säulen direkt unter dem Körper.

So sah er aus

Argentinosaurus war ein Titanosaurier, eine Untergruppe der Sauropoden (riesige, pflanzenfressende Dinosaurier mit vier Beinen). Titanosaurier hatten massige Körper sowie kürzere Hälse und Schwänze als andere Sauropoden. Von *Argentinosaurus* wurden zwar noch keine Schädelknochen gefunden, aber vermutlich hatte er einen langen Schädel mit einer breiten, stumpfen Schnauze. Die langen, säulenförmigen Beine dürften so ähnlich wie Elefantenbeine ausgesehen haben. Allerdings saßen an seinen Hinterfüßen drei mächtige Krallen und die Vorderfüße hatten weder Krallen noch Hufe. Einige Titanosaurier trugen auf dem Rücken und an den Flanken schützende runde Knochenplatten. Bei *Argentinosaurus* und anderen Arten fehlten diese Platten.

Das erzählen die Knochen

Argentinosaurus hatte wie alle Sauropoden sehr merkwürdige Füße. Bei fast allen Tieren, die auf den Füßen laufen, sind die Knochen der Handfläche (Mittelhandknochen) vom Unterarm weg gebogen und die Zehen tragen das Gewicht des Tieres. Bei den Sauropoden standen die Mittelfußknochen senkrecht wie Säulen, die Zehenknochen wurden kleiner und verschwanden schließlich.

Argentinosaurus
Einer der Größten der Großen

Argentinosaurus ist eines der größten Land-tiere, das jemals auf der Erde lebte. Er fraß jeden Tag Unmengen von Pflanzen. Vielleicht musste er sogar pausenlos fressen, damit die Energie für seinen gewaltigen Körper reichte.

Da die Fossilien fehlen, ist völlig unbekannt, wie sein Schwanz aussah. Dieser ist nach dem Vorbild von anderen Titanosauriern gezeichnet.

WOW!

Obwohl die enormen Knoc... von *Argentinosaurus* und an... Super-Sauropoden stabil und... sehr haltbar sind, werden ihre... nur selten gefunden. Daraus... Experten, dass die Super-Sa... entweder nur selten vor... oder viele starben, be... ausgewachsen wa...

Im Detail

Wo lebte er?

Wie der Name vermuten lässt, lagen die Fossilien von *Argentinosaurus* in Argentinien, in der Provinz Neu-quén. Argentinien ist eine der wichtigsten Dinosaurierfundstät-ten der Erde. Vor allem in Neuquén und in einigen anderen Regionen des Landes fanden die Forscher viele neue Sauropoden (insgesamt etwa 30 Arten). Der Name *Argentinosaurus* stammt aus dem Jahr 1993; damals begann ein „Goldenes Zeitalter" mit zahlreichen Funden argen-tinischer Sauropoden.

ARGENTINIEN

Ein stabiles, dickes Fettkissen unter der Sohle polsterte den Fuß hinten ab.

Pterodactylus
Strandräuber mit langer Schnauze

Von dem kleinen Flugsaurier aus dem Jura blieben viele ausgezeichnete Fossilien erhalten. *Pterodactylus* hatte eine schmale Schnauze, mit der er nach Krabben und anderen Kleintieren in Lagunen und an der Küste schnappte. Er hatte große, flache Füße und konnte sicher gut im Wasser waten. Außerdem konnte er fliegen – sein Name bedeutet „Flügelfinger".

Wo lebte er?

Pterodactylus wurde als erster Flugsaurier überhaupt in dem Kalkgestein von Solnhofen (Deutschland) entdeckt. Die erste Abhandlung über den Fund erschien schon 1784. Seither wurden in Solnhofen Hunderte von Fossilien entdeckt. In den Plattenkalken waren winzige Babys, große, ausgewachsene Tiere und sogar Fossilien eingeschlossen, bei denen die Flughäute und andere Weichteile erhalten geblieben waren.

DEUTSCHLAND

Der Bau der Flügel und Hinterbeine beweist, dass *Pterodactylus* auch gut laufen konnte.

Bei fast allen Flugsauriern war die Schnauzenspitze aus ungewöhnlich langen und schmalen Knochen zusammengesetzt.

Ein langer, kräftiger Finger an der Vorderkante des Flügels spannte die Flughaut auf.

So sah er aus

Pterodactylus hatte einen kurzen Schwanz und lange Kiefer mit zahlreichen spitzen Zähnen. Sein Hals war lang und schlank und der Körper wurde von haarartigen Borsten warm gehalten. Vermutlich trugen zumindest die Männchen einen runden Hautkamm auf dem Kopf. Wie alle Pterosaurier hatte auch *Pterodactylus* vier Finger. Der kräftige vierte Finger war stark verlängert und stützte die Flughaut. Die ersten drei Finger waren kürzer, trugen eine Kralle und berührten beim Gehen den Boden (vielleicht kletterte er auch damit).

WOW!
Die Flughaut war keine einfache Haut: Sie enthielt Fasern zur Versteifung, große Blutgefäße, eine luftgefüllte Schicht und mehrere Muskeln.

Das erzählen die Knochen

Die wunderbar erhaltenen Fossilien zeigen genau, wo die Flughaut ansetzte – über diesen Punkt hatten die Pterosaurier-Experten jahrzehntelang gestritten. Da die Flughäute mit den Schienbeinen verbunden waren, konnte *Pterodactylus* seine Beine nicht frei bewegen.

Wie groß?

Flügelspannweite: 40 cm
Gewicht: 650 g

Pterodactylus war ein kleiner Flugsaurier und etwa so groß wie eine kleine Möwe. Lange Zeit glaubten die Experten, Pterosaurier (so wurden die Flugsaurier auch genannt) seien für ihre Größe ungewöhnlich leicht gewesen, viel leichter als gleich große Vögel oder Säugetiere. Inzwischen gehen sie davon aus, dass *Pterodactylus* und andere Flugsaurier genauso schwer waren wie gleich große Möwen oder Watvögel. Früher wurden verschiedene Fossilien größerer Flugsaurier als *Pterodactylus* bestimmt. Tatsächlich handelt es sich aber um andere Arten von Pterosauriern, beispielsweise um *Quetzalcoatlus* (siehe Seite 49–52).

Im Detail

Nur so groß wie eine Möwe!

WOW!

Im Darm des deutschen Fossils von *Compsognathus* lag das Skelett eines kleinen Tieres. Zuerst hielt man es für ein ungeborenes Baby, doch der lange Schwanz verriet es als Eidechse – vermutlich die letzte Mahlzeit des Dinosauriers.

Wie groß?

Länge: 1 m
Gewicht: 1 kg

Compsognathus war einer der kleinsten Dinosaurier des Juras; sein Körper war etwa so groß wie ein Huhn.

n packte er seine **Beute!**

So sah er aus

Wie fast alle fleischfressenden Dinosaurier lief auch *Compsognathus* auf zwei Beinen. Er hatte einen langen Schwanz, schmale Greifhände und vogelähnliche Beine und Füße. Auf einem langen, dünnen Hals saß ein vogelähnlicher Kopf mit schlanker Schnauze. Mit den kleinen, nach hinten gebogenen Zähnen schnappte er nach Insekten, Eidechsen, vielleicht auch nach Fischen und anderer Beute. Wahrscheinlich hatte er drei Finger an jeder Hand. Einige Experten vermuten allerdings, dass er nur zwei Finger besaß. Beine und Füße waren sehr schlank, ein Hinweis darauf, dass er schnell rennen konnte. Ähnliche Fossilien aus China deuten darauf hin, dass *Compsognathus* vielleicht behaart war.

Im Detail

Compsognathus
Raubtier mit zartem Kiefer

Einige fleischfressende Dinosaurier waren klein, andere sogar winzig. *Compsognathus* (der „elegante Kiefer"), der während des Juras in Europa lebte, war kaum größer als eine Hauskatze. Das Miniraubtier lebte auf trockenen tropischen Inseln, denn Europa lag damals in den Tropen. Es jagte Echsen und andere kleine Beutetiere.

Große Augen und gute Ohren sprechen dafür, dass *Compsognathus* scharfe Sinne hatte.

Er hatte sehr lange, dünne Beine und Füße. Wahrscheinlich konnte er schnell laufen.

Wo lebte er?

DEUTSCHLAND

Die Fossilien beweisen, dass *Compsognathus* im Oberen Jura weite Teile Europas bewohnte. Das erste Fossil wurde 1861 in den Solnhofener Plattenkalken in Deutschland gefunden (in demselben Gestein lagen auch *Archaeopteryx* und *Pterodactylus*). Das Fossil stammt von einem der ersten kleinen Dinosaurier. Das zweite Fossil stammt aus Frankreich (1972). Inzwischen hat man auch in Portugal Zähne von *Compsognathus* ausgegraben.

Mit den nach hinten gebogenen Zähnen

Das erzählen die Knochen

Neben der Hand des französischen *Compsognathus* zeichnete sich eine auffällige dunkle Stelle ab. Zuerst hielten die Experten den Fleck für einen Flossenabdruck, doch inzwischen ist bewiesen, dass an dieser Stelle nur das Gestein etwas dunkler war.

Allosaurus
An der Spitze der Nahrungskette

Allosaurus, die „andere Echse", ist eines der am besten bekannten Raubtiere unter den Dinosauriern. Dieser Fleischfresser stand eindeutig an der Spitze der Nahrungskette. Er lebte im Oberen Jura in den USA (auch in Portugal wurden Fossilien gefunden). *Allosaurus* und die zur gleichen Zeit lebenden großen Raubsaurier jagten Sauropoden, Stegosaurier und Ornithopoden.

Er hatte einen langen, schlanken Körper.

Vielleicht trug er Hornstacheln auf dem Rücken und dem Schwanz.

In seinem Kiefer saßen 60 Zähne mit Sägekanten.

Der lange Schwanz war bis auf die steife Spitze ziemlich beweglich.

Wo lebte er?

Allosaurus erhielt seinen Namen 1877, als in Colorado einzelne Knochen entdeckt wurden. Seither fanden die Ausgräber Hunderte von Fossilien, darunter auch einige hervorragend erhaltene und fast komplette Skelette. Obwohl ein paar Fossilien aus Ostafrika und anderen Orten als *Allosaurus* bestimmt wurden, galt er lange Zeit als nordamerikanische Art. Da 1999 auch in Portugal Fossilien von *Allosaurus* entdeckt wurden, kam er wohl auf dem gesamten Nordkontinent vor.

So sah er aus

Dank der zahlreichen intakten Skelette ist *Allosaurus* ein ungewöhnlich gut untersuchter Theropode („raubtierfüßig"). Er war ein großes, zweibeiniges Raubtier mit kräftigen Armen und Händen mit drei Fingern. Die langen, gebogenen Fingerkrallen sahen so ähnlich aus wie die Krallen eines Adlers. Seine Füße hatten vier Zehen, von denen die erste nur kurz war und den Boden nicht berührte (das gilt für alle Theropoden). Der Kopf war lang und schmal, vor den Augen saßen zwei dreieckige Hörner.

Das erzählen die Knochen

Aus dem Bau der Knochen schließen einige Experten, dass *Allosaurus* seinen Schädel auf der Jagd wie ein Kriegsbeil einsetzte: Er riss sein Maul weit auf und schlug mit dem gesamten Oberkiefer zu.

WOW!

Bei mehreren Allosaurus-Fossilien waren die Knochen gebrochen. Andere wiesen eindeutige Zeichen von Krankheiten oder Infektionen auf. Offenbar konnten sich Dinosaurier recht schnell von Verletzungen oder Krankheiten erholen.

Im Detail

Wie groß?

Länge: 7 m
Gewicht: 1000 kg (1 Tonne)

Obwohl *Allosaurus* sicher ein sehr großes Tier war, waren die meisten Fossilien nur halb so lang wie die größten Raubsaurier. Es gab allerdings auch außergewöhnlich große, 3000–4000 kg schwere Exemplare. Wie fast alle räuberischen Dinosaurier lief *Allosaurus* mit horizontalem Rücken und Schwanz. Damit hatten selbst die größten Tiere eine Hüfthöhe von wenig mehr als 2,50 m. Wahrscheinlich konnten sich diese Dinosaurier aber hoch aufrichten, um in die Ferne zu spähen. In dieser Position konnten sie aber nicht besonders schnell rennen.

Für seine Opfer bestand Allosaurus nur aus Hörnern, Kiefer und tödlichen Krallen!

Archaeopteryx
Der älteste Vogel

Archaeopteryx („uralter Flügel") ist der älteste Vertreter der Vögel und war daher schon immer ein besonders wertvolles Fossil. Er ist eng mit den Dromaeosauriern (das sind mittelgroße, gefiederte Fleischfresser wie *Deinonychus*) verwandt. Der kleine *Archaeopteryx* lebte auf Inseln und konnte laufen, klettern und fliegen.

So sah er aus

Da die Fossilien aus dem Plattenkalk von Solnhofen ausgezeichnet erhalten sind, wissen wir, wie dieser kleine Urvogel ausgesehen haben muss. *Archaeopteryx* war so groß wie eine Krähe und hatte echte Federn: An seinen Flügeln wuchsen lange, starre Federn, der Körper war mit kürzeren Federn bedeckt. Allerdings sah er noch nicht wie ein „richtiger" Vogel aus. Sein Körper war lang und schlank und er hatte Krallen an den Fingern. Er konnte seine zweite Zehe wie *Deinonychus* und *Velociraptor* anheben; an dieser Zehe saß eine besonders große, gekrümmte Kralle. Sein Schwanz war lang und schlank, seitlich wuchsen lange Federn heraus.

WOW!
Fossilien von Archaeopteryx sind so wertvoll und einzigartig, dass sie tatsächlich unbezahlbar sind. Dennoch verschwand ein Exemplar – vermutlich wurde es illegal verkauft.

An beiden Seiten des knochigen Schwanzes wuchsen Federn.

Seine Flügel waren wahrscheinlich so kräftig, dass *Archaeopteryx* flattern und gleiten konnte.

Wie groß?

Länge: 40 cm
Gewicht: 300 g

Archaeopteryx war etwa so groß wie
eine Krähe, allerdings völlig anders
gebaut als heutige Vögel.

Im Detail

Wo lebte er?

Archaeopteryx ist das be-
rühmteste Fossil der Welt.
Das erste Exemplar war
ein teilweise gefiedertes
Skelett. Es wurde 1861
entdeckt, zwei Jahre nachdem Charles Darwin sein be-
rühmtes Buch über die Entstehung der Arten
veröffentlicht hatte. Bis heute wurden zehn
Fossilien gefunden, alle in Solnhofen. Die in
Portugal entdeckten Zähne könnten entweder von *Archaeopteryx* selbst oder einem
nahen Verwandten stammen.

DEUTSCHLAND

Das erzählen die Knochen

Wie fast alle fleischfressenden Dinosaurier
hatte auch *Archaeopteryx* drei Finger mit
Krallen. Er benutzte sie wahrscheinlich, um
sein Gefieder zu pflegen und zu klettern.
Einige der großen Flügelfedern wuchsen wie
beim gefiederten *Microraptor* (siehe Seite
42) auf der Oberseite des zweiten Fingers.
Daher konnte er mit den Händen vermutlich
keine Beute schlagen.

Diplodocus
Langer, leichtgewichtiger Gigant

Diplodocus war ein riesiger Pflanzenfresser mit langem Hals, langem Schwanz und einer breiten Schnauze. Mit seinen schmalen, bleistiftförmigen Zähnen riss er Blätter von den Zweigen ab. Vielleicht benutze er die peitschenartige Schwanzspitze als gefährliche Waffe, um Feinde abzuwehren.

Das Tier war **riesig** – so lang wie **2,5 Busse!**

WOW!

Einige Experten glauben, dass Diplodocus seinen Schwanz wie eine Peitsche knallen ließ. Eine Peitsche knallt aber nur, wenn sich die Spitze schneller bewegt als der Schall. Dann wäre Diplodocus das erste Lebewesen gewesen, das die Schallmauer durchbrochen hätte.

Wo lebte er?

Fossilien von *Diplodocus* wurden nur in den USA gefunden. Er bekam seinen Namen 1878 von dem berühmten Paläontologen Othniel Marsh. Alle Fossilien stammen aus der bekannten Morrison-Formation, einer Gesteinsschicht aus dem Jura. Darin lagen auch Fossilien von *Stegosaurus*, *Allosaurus* und vielen anderen Dinosauriern. Insgesamt sind vier Arten von *Diplodocus* bekannt, die in Colorado, Utah und Wyoming ausgegraben wurden.

Das erzählen die Knochen

Da *Diplodocus* starke Hüften, kräftige Schwanzmuskeln und kurze Vorderbeine hatte, konnte er sich vermutlich auf die Hinterbeine stellen, um hohe Zweige zu erreichen. Zur Sicherheit stützte er sich wahrscheinlich mit dem Schwanz ab.

So sah er aus

Die Fossilien von *Diplodocus* wurden besonders gut untersucht. Er war ein Sauropode, also ein riesiger, vierbeiniger Pflanzenfresser. Vier starke Säulenbeine trugen seinen mächtigen, elefantenartigen Körper. Seine wichtigsten Merkmale waren aber der unglaublich lange Hals und Schwanz. Mit dem beweglichen Hals konnte er Pflanzen sowohl von der Erde als auch aus Baumkronen fressen. Der Schwanz, der mit einer dünnen, peitschenartigen Spitze endete, war sehr muskulös. *Diplodocus* konnte das breite Maul im langen Kopf weit öffnen; in den Kiefern saßen stiftartige Zähne. Bei einem Fossil aus Wyoming (1990 gefunden) blieb eine Reihe dreieckiger Stacheln auf dem Hals, Rücken und Schwanz erhalten.

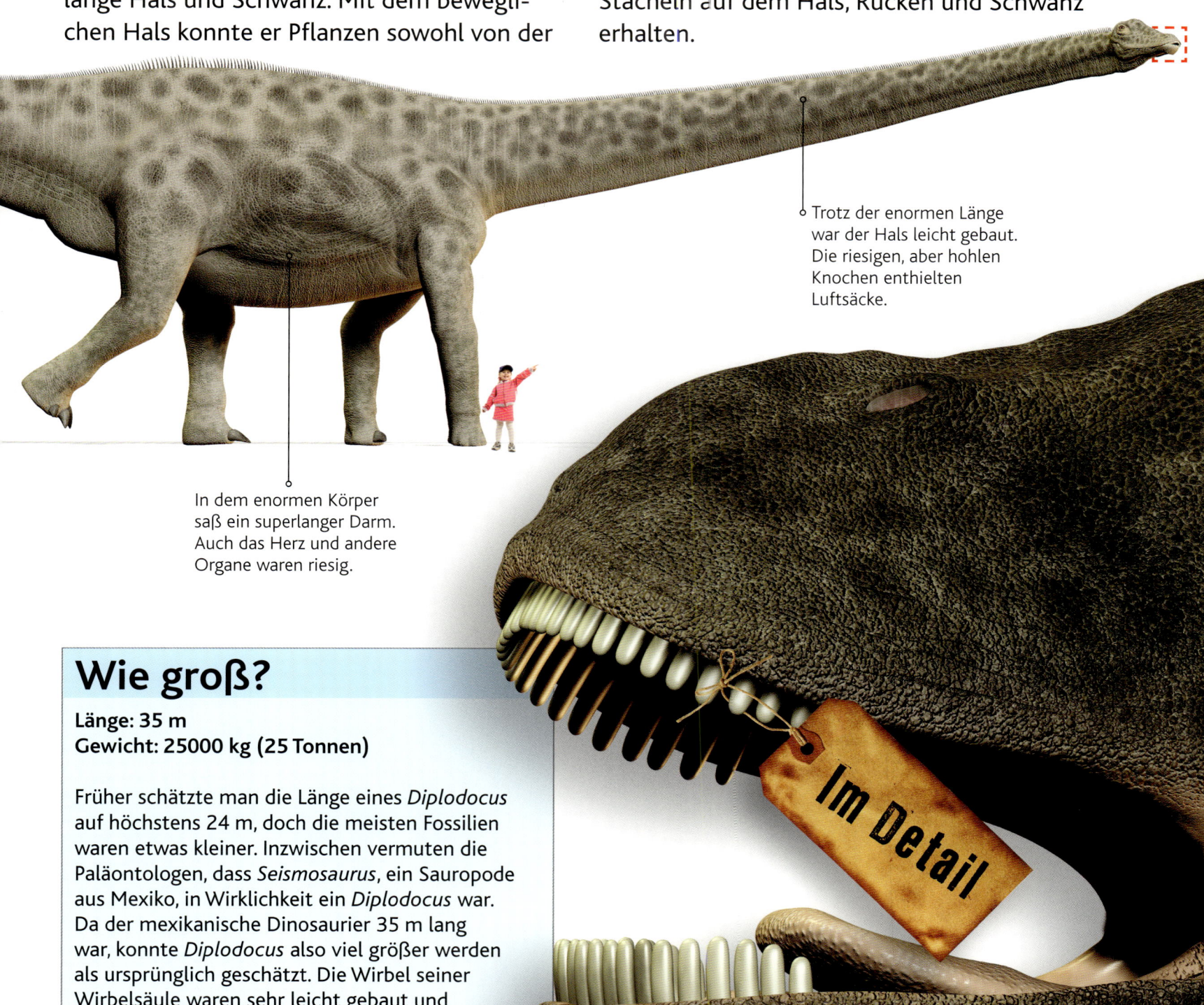

Trotz der enormen Länge war der Hals leicht gebaut. Die riesigen, aber hohlen Knochen enthielten Luftsäcke.

In dem enormen Körper saß ein superlanger Darm. Auch das Herz und andere Organe waren riesig.

Im Detail

Wie groß?

Länge: 35 m
Gewicht: 25000 kg (25 Tonnen)

Früher schätzte man die Länge eines *Diplodocus* auf höchstens 24 m, doch die meisten Fossilien waren etwas kleiner. Inzwischen vermuten die Paläontologen, dass *Seismosaurus*, ein Sauropode aus Mexiko, in Wirklichkeit ein *Diplodocus* war. Da der mexikanische Dinosaurier 35 m lang war, konnte *Diplodocus* also viel größer werden als ursprünglich geschätzt. Die Wirbel seiner Wirbelsäule waren sehr leicht gebaut und verfügten über „innere Luftsäcke"; darum war er im Verhältnis zu seiner Größe ziemlich leicht.

Stegosaurus

Riesiger Pflanzenfresser mit Stacheln am Schwanz

Einen *Stegosaurus* erkennst du auf den ersten Blick: Er war einer der größten mit Platten gepanzerten Dinosaurier (Stegosaurier). Auf Hals, Rücken und Schwanz saßen rautenförmige Platten und an seinem Schwanzende saßen vier lange Stacheln, die nach hinten und zur Seite zeigten.

WOW!
Stegosaurus konnte seinen muskulösen Schwanz mit Wucht zur Seite schlagen und einem Angreifer mit den Stacheln tiefe Wunden reißen. Das große Loch in einem fossilen Schwanzknochen von *Allosaurus* dürfte von einem solchen Stachelhieb stammen. Autsch!

So sah er aus

Als typischer Stegosaurier lief *Stegosaurus* auf langen, säulenförmigen Hinterbeinen und kürzeren Vorderbeinen. Die Hände hatten fünf Finger, die Füße drei Zehen. Der Schädel lief in eine lange, schmale Schnauze aus; sein Schnabel war klein und schmal. Die Kehle war mit kleinen, dicht an dicht stehenden Platten gepanzert, vielleicht als Schutz vor harten Pflanzen. Er hatte einen beweglichen Hals, doch anders als oft dargestellt, senkte *Stegosaurus* seinen Kopf nur selten zu Boden. Offenbar war er sehr wählerisch mit seinem Futter: *Stegosaurus* pflückte sich zarte Blätter und Früchte aus den Baumkronen. Seinen muskulösen Schwanz trug er horizontal, er schleifte nicht über den Boden.

Stegosaurus hatte nur ein kleines Gehirn; besonders clever war er wohl nicht.

Beim lebenden Tier waren die Platten und Stacheln wahrscheinlich mit Horn überzogen.

Während die Rückenplatten bei den meisten Stegosauriern in zwei Reihen standen, hatte *Stegosaurus* nur eine Plattenreihe. Einige der Platten überlappten sich. Er war eben ein ungewöhnlicher Stegosaurier.

Wo lebte er?

Stegosaurus wurde erstmals 1877 in den Juragesteinen von Colorado entdeckt. Später kamen weitere Funde in Wyoming und Utah hinzu. Dieser Stegosaurier war aber noch viel weiter verbreitet, denn 2006 wurde auch in Portugal ein *Stegosaurus* ausgegraben. Möglicherweise ist auch der chinesische *Wuerhosaurus* in Wirklichkeit ein *Stegosaurus*.

Der Schwanz endete mit spitzen Stacheln!

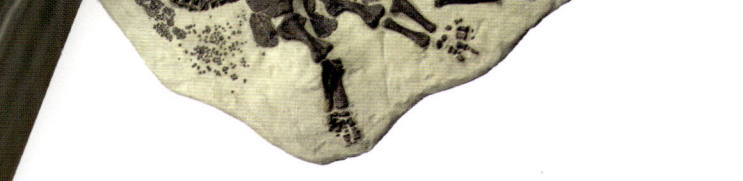

Das erzählen die Knochen

Als Panzerung waren die merkwürdig aussehenden Platten nicht stabil genug. Außerdem hätten sie auf dem Rücken nicht viel genützt. Nach einer beliebten Theorie waren sie eine Art „Klimaanlage". Sie sollten die Sonnenwärme auffangen und die Körpertemperatur erhöhen. Zu diesem Zweck hätten sie besonders viele Blutgefäße enthalten müssen. Tatsächlich enthielten die Platten aber nicht wesentlich mehr Blutgefäße als die Panzerplatten anderer Dinosaurier.

Wie groß?

Länge: 9 m
Gewicht: 3000 kg (3 Tonnen)

Stegosaurus war einer der größten Stegosaurier; nur ein paar Arten waren gleich groß oder sogar noch größer. Mit den Platten auf dem Rücken sah er allerdings etwas größer aus – möglicherweise war das ihre eigentliche Aufgabe: Sie sollten Angreifer und Konkurrenten täuschen. Der Körper war sehr breit, er hatte einen dicken Bauch und sehr breite Hüften. Der Darm muss enorm gewesen sein. Auch die massigen Muskeln, die an seinen Hüften und Schwanzknochen ansetzten, dürften das Gewicht gesteigert haben. *Stegosaurus* war also garantiert kein leichtfüßiger Dinosaurier.

Im Detail

Microraptor
Winziger Gleiter mit zwei Flügelpaaren

Microraptor ist ein besonders bemerkenswerter neuer Fund: Er war ein kleines Raubtier, das mit langen Federn auf Armen, Beinen und Schwanz durch die Luft gleiten konnte. Er ist wie *Archaeopteryx* ein enger Verwandter der frühen Vögel und beweist, dass einige der engeren Vorfahren unserer Vögel äußerst seltsam aussahen.

Wo lebte er?

CHINA

Microraptor ist ein Dromaeosaurier (das sind gefiederte, fleischfressende Dinosaurier). Auch *Deinonychus* und *Velociraptor* gehören in diese Gruppe. Einige Experten hatten seit langem vermutet, dass diese Saurier keine Schuppenhaut hatten, sondern gefiedert waren. *Microraptor* gehört zu den Funden der letzten Jahre, die diese Theorie spektakulär beweisen. Fast alle gefiederten Dinosaurier stammen aus der ostchinesischen Provinz Liaoning. Seit *Microraptor* im Jahr 2000 bestimmt wurde, wurden viele neue Fossilien gefunden.

Lange Arme und Hände mit drei Fingern und großen, ungewöhnlich gekrümmten Krallen

Microraptor erspähte mit großen Augen seine Beute und mögliche Angreifer.

Die langen Federn machen die Hinterbeine von *Microraptor* zu „Beinflügeln".

So sah er aus

Ohne seine Federn sähe *Microraptor* so ähnlich aus wie *Velociraptor*, ein anderer vogelartiger Dinosaurier. Er streckte die zweite Zehe nach oben, lief also nur auf der dritten und vierten Zehe. Wie sein Kopf aussah, ist nicht genau bekannt. Immerhin sagen die Fossilien, dass er eine flache Schnauze, große Augen und scharfe Zähne besaß. Auf seinen Armen und Händen wuchsen langen Federn, auf dem Schwanz waren sie fächerartig ausgebreitet. Er hatte nicht nur Federn auf Kopf, Hals und Körper, sondern auch auf Hinterbeinen und Füßen. Noch sind sich die Experten nicht einig, was er mit den Federn anstellen konnte.

Das erzählen die Knochen

Der Kiefer von *Microraptor* war dicht an dicht mit zahlreichen kleinen Zähnen gespickt. Die Vorderzähne waren kleiner und hatten glatte Kanten. Bei den größeren Zähnen im hinteren Kiefer waren die hinteren Kanten wie eine Säge eingekerbt. Wahrscheinlich packte er die Beute mit den Vorderzähnen und zerschnitt sie mit den hinteren Zähnen.

Wie groß?

Länge: 80 cm
Gewicht: 1 kg

Microraptor war etwa so groß wie der Urvogel *Archaeopteryx* und damit einer der kleinsten Dinosaurier (mit Ausnahme der Vogel-Dinosaurier). Vermutlich waren die ersten Vertreter der vogelartigen Dinosaurier alle sehr klein. Aus diesen winzigen Formen entwickelten sich später die größeren Arten wie *Deinonychus* und andere. Einerseits war *Microraptor* wegen seiner geringen Größe eine relativ leichte Beute, andererseits konnte er vermutlich gut auf Bäume klettern, um Raubtieren zu entkommen.

WOW!
Vermutlich gab es viele kleine, vogelartige Dinosaurier mit vier Flügeln wie Microraptor. Sogar Archaeopteryx hatte noch lange Federn an den Hinterbeinen. Vielleicht hatten alle Vorfahren der Vögel vier Flügel.

Deinonychus

Ein Raubtier, das im Rudel jagte

Da diese cleveren Dinosaurier im Rudel hinter ihrer Beute herhetzten, wagten sie sich auch an große Tiere. Der Name bedeutet „Schreckenskralle": *Deinonychus* schlug seinen Opfern mit der beweglichen Kralle am hinteren Fuß klaffende Wunden.

Er schlug mit der Kralle zu und

Im Detail

Wo lebte er?

Deinonychus wurde in Nordamerika gefunden (z. B. in Montana und Wyoming). Der amerikanische Paläontologe John Ostrom hat *Deinonychus* in den 1960er-Jahren genau untersucht. Seine Forschungen haben unser Bild von den Dinosauriern verändert: Es gab nicht nur schwerfällige Riesenreptilien, sondern auch kleine, schnelle, aufrecht stehende Tiere. Vor allem die übergroßen Krallen an den Füßen zeigen, dass *Deinonychus* ein aktives, schnelles und bewegliches Raubtier war.

So sah er aus

Deinonychus hatte einen leicht gebauten Schädel, scharfe, nach hinten gekrümmte Zähne, lange Arme und Hände mit spitzen Krallen – ein kleiner, aber sehr spektakulärer Dinosaurier. Wie sein naher Verwandter *Velociraptor* war er ein schnelles, grausames Raubtier mit außergewöhnlichen Sichelkrallen an der zweiten Zehe. Er schlug die Krallen in seine Opfer und schlitzte sie auf. Beim Gehen hielt er den Zeh mit der Kralle hoch, um die Spitze nicht zu beschädigen; beim Angriff schnappte sie nach vorn und riss große, tiefe Wunden. In China ausgegrabene nahe Verwandte von *Deinonychus* hatten Federn.

Von der Nasen- bis zur Schwanzspitze war *Deinonychus* doppelt so groß wie ein Erwachsener.

Mit den tödlichen Krallen konnte dieser Dinosaurier auch viel größere Beutetiere erlegen.

Deinonychus hatte nicht nur tödliche Krallen, er konnte auch mit 60 gekrümmten Zähnen in seinem kräftigen Kiefer zubeißen.

schlitzte seine Opfer auf!

Wie groß?

Länge: 3,40 m
Gewicht: 50 kg
Kralle: 12 cm lang

Sein Körper war etwa so groß wie ein Wolf, gebaut war er aber wie ein riesiger, flugunfähiger Raubvogel.

Das erzählen die Knochen

Aus dem Schädel von *Deinonychus* lässt sich schließen, dass er mit großen Augen gut sehen konnte. Sein Gehirn war für einen Dinosaurier ziemlich groß – er war clever und tödlich.

45

Sauroposeidon
Ein gewaltiger Gigant

Sauroposeidon war ein gewaltiger, langhalsiger Riese, der Blätter aus den Baumkronen fraß. Er war einer der größten Dinosaurier Nordamerikas mit einem der längsten Hälse. Sein Name bedeutet „die Erde erschütternde Echse" und bezieht sich auf seine mächtigen Beine, die den Boden bei jedem Schritt erzittern ließen.

WOW!

Aus der Länge der Halswirbel von *Sauroposeidon* – im Vergleich mit anderen Sauropoden – schließen Experten, dass sein Hals 12 m lang war. Andere Brachiosaurier hatten 13 Halswirbel. Sollte *Sauroposeidon* mehr Halswirbel besessen haben, wäre sein Hals sogar noch länger gewesen.

So sah er aus

Bis auf die riesigen Halswirbel wurden keine fossilen Knochen von *Sauroposeidon* gefunden. Sie sind allerdings genauso gebaut wie die von *Brachiosaurus* und *Giraffatitan*, die vor ihm im Jura lebten. *Sauroposeidon* dürfte seinen beiden nahen Verwandten sehr ähnlich gewesen sein: Sein Körper war breit und gedrungen, die Beine waren lang und säulenförmig. Da seine Vorderbeine länger als die Hinterbeine waren, standen die Schultern höher als das Hinterteil und der Rücken fiel schräg ab. Mit seinem unwahrscheinlich langen Hals konnte er Bäume in über 12 m Höhe abweiden. Vermutlich trug *Sauroposeidon* wie die anderen Brachiosaurier einen Knochenkamm auf dem Kopf und hatte eine breite, stumpfe Schnauze.

Wo lebte er?

Von *Sauroposeidon* existiert es nur ein einziges Fossil, das 1994 in Oklahoma entdeckt wurde. Vielleicht stammen aber die ungeheuer großen Fußabdrücke eines Sauropoden in Texas von ihm. Auch einige Knochen aus Montana gehören möglicherweise zu *Sauroposeidon*. Er lebte vermutlich während der Unteren Kreide in weiten Teilen der heutigen USA. Ähnlich große Brachiosaurier sind auch aus Europa bekannt.

USA

An den Halswirbeln waren lange, biegsame Rippen an. Die längste Halsrippe maß 3,50 m.

Im Vergleich zu anderen Sauropoden hatte er einen kurzen Schwanz.

Trotz ihrer Größe hatten Sauropoden lange, relativ dünne Beinknochen.

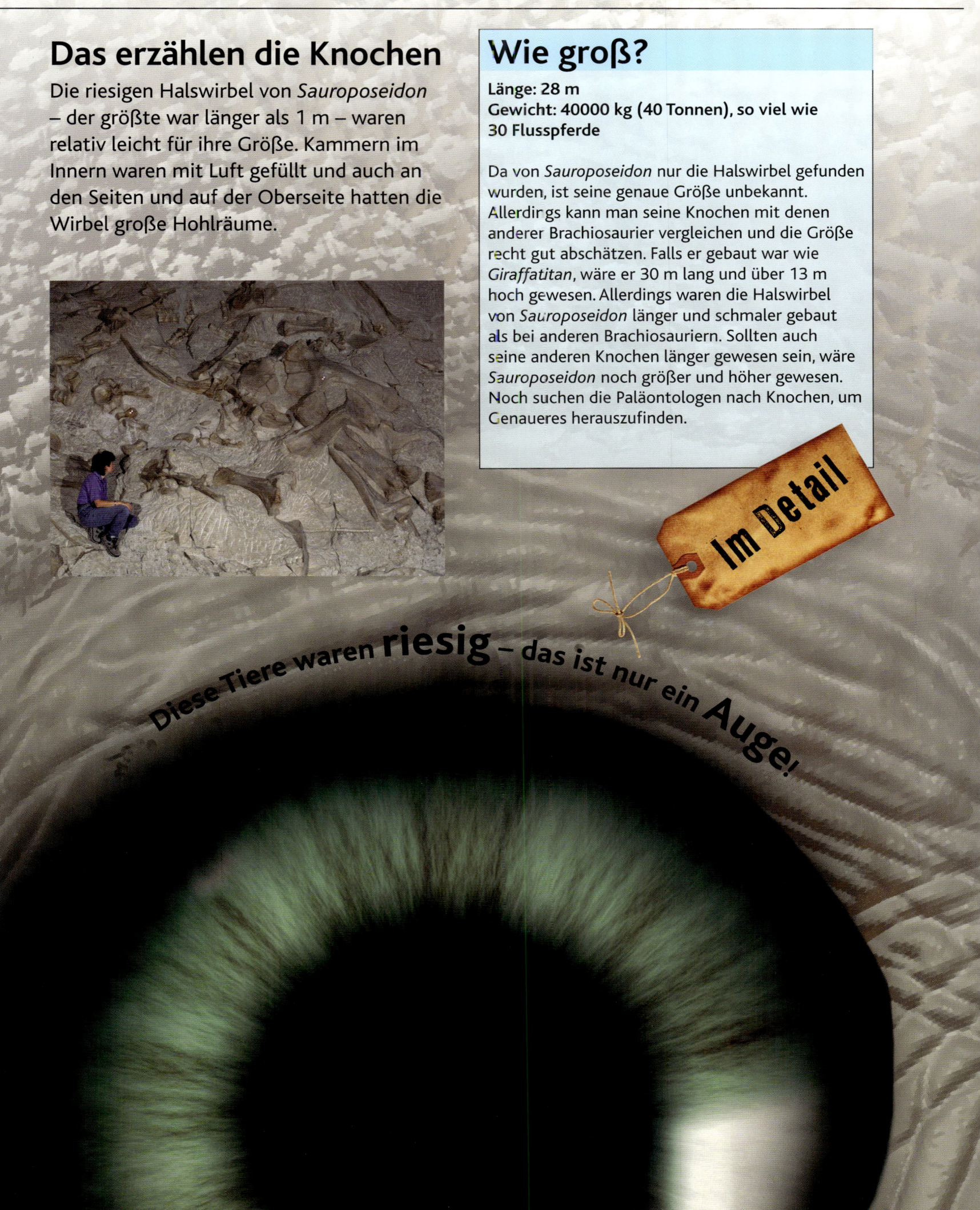

Das erzählen die Knochen

Die riesigen Halswirbel von *Sauroposeidon* – der größte war länger als 1 m – waren relativ leicht für ihre Größe. Kammern im Innern waren mit Luft gefüllt und auch an den Seiten und auf der Oberseite hatten die Wirbel große Hohlräume.

Wie groß?

Länge: 28 m
Gewicht: 40000 kg (40 Tonnen), so viel wie 30 Flusspferde

Da von *Sauroposeidon* nur die Halswirbel gefunden wurden, ist seine genaue Größe unbekannt. Allerdings kann man seine Knochen mit denen anderer Brachiosaurier vergleichen und die Größe recht gut abschätzen. Falls er gebaut war wie *Giraffatitan*, wäre er 30 m lang und über 13 m hoch gewesen. Allerdings waren die Halswirbel von *Sauroposeidon* länger und schmaler gebaut als bei anderen Brachiosauriern. Sollten auch seine anderen Knochen länger gewesen sein, wäre *Sauroposeidon* noch größer und höher gewesen. Noch suchen die Paläontologen nach Knochen, um Genaueres herauszufinden.

Im Detail

Diese Tiere waren **riesig** – das ist nur ein Auge!

...el – er war an der engsten Stelle hinten 30 cm weit – konnte er kleine Dinosaurier und

Wo lebte er?

Der erste *Quetzalcoatlus* wurde in Texas ausgegraben und bekam seinen Namen 1975. Am Fundort lagen ein riesiges und mehrere nur halb so große Exemplare. Andere Fossilien von *Quetzalcoatlus* stammen aus Alberta (Kanada). Vermutlich war dieser Pterosaurier während der Oberen Kreide durch ganz Nordamerika geflogen. Ähnliche Knochen von anderen Pterosauriern fanden sich auf der ganzen Welt.

USA

Im Detail

Quetzalcoatlus

Ein fliegender Riese

Quetzalcoatlus trägt seinen Namen nach dem mexikanischen Gott Quetzalcoatl. Dieser Flugsaurier war so groß wie ein kleines Flugzeug – das größte fliegende Tier aller Zeiten. Dieses gewaltige Reptil hatte ungeheuer große Flügel, einen langen, steifen Hals und einen gewaltigen, spitzen Schnabel ohne Zähne.

Quetzalcoatlus war **gigantisch!** Mit dem Schnab

Iguanodon
Großer Pflanzenfresser mit Schnabel

Iguanodon ist einer der berühmtesten Pflanzenfresser der Welt, denn von diesem Dinosaurier wurden viele, fast vollständige fossile Skelette gefunden. Weil seine Zähne bereits so ähnlich aussahen wie bei den heutigen Leguanen, gaben ihm die Experten den Namen „Leguanzahn".

Wo lebte er?

ENGLAND

Das erste Fossil eines *Iguanodons* stammte aus England. Es wurde in den 1820er-Jahren von Gideon Mantell und seiner Frau Mary entdeckt. Während zunächst nur sehr kleine und verstreute Knochen gefunden wurden, gelang 1878 ein großer Fund: In einem Kohlenbergwerk in Bernissart (Belgien) kamen ausgezeichnet erhaltene Skelette ans Licht. Obwohl später überall auf der Erde weitere Iguanodons gefunden wurden, sah keines so aus wie *Iguanodon bernissartensis*.

WOW!
Der ungewöhnliche Daumenstachel ist eine faszinierende Waffe. Er ist stabil gebaut, läuft spitz zu und ist bei einigen Fossilien fast 20 cm lang. Vermutlich war er beim lebenden Tier mit Horn überzogen und daher deutlich länger.

Mit Kugelgelenken zwischen den Halswirbeln konnte *Iguanodon* seinen Hals frei und leicht bewegen.

Der Schwanz war hoch und seitlich abgeplattet, da er über 50 Wirbelknochen mit einem langen, nach oben gerichteten Fortsatz enthielt.

So sah er aus

Iguanodon war ein riesiger, kräftig gebauter Pflanzenfresser mit einem massigen Schädel, einem breiten Schnabel und kraftvollen Kiefern. Wangen hielten die Pflanzen beim Kauen im Maul zurück. Die Arme waren lang und muskulös. Beim Gehen auf allen vieren hielt er die Handflächen nach innen und trat mit den drei Mittelfingern auf. Er konnte die Hände nicht im Handgelenk drehen. Sein Daumen war zu einem mächtigen, kegelförmigen Stachel umgewandelt. Der fünfte Finger war kurz, aber beweglich; vielleicht konnte er damit zugreifen. Die starken, muskulösen Hinterbeine endeten in großen Füßen mit drei Zehen.

Das erzählen die Knochen

Alle Pflanzenfresser müssen ihr Futter gründlich zerkauen. *Iguanodon* konnte die Kiefer aber nicht, wie die heutigen Tiere, mit mahlenden Bewegungen hin und her bewegen. Offenbar hatte der Dinosaurier eine andere Lösung gefunden: Der Oberkiefer war über ein spezielles bewegliches Gelenk mit der Seite des Schädels verbunden und wurde gegen den fest stehenden Unterkiefer vor- und zurückbewegt.

Wie groß?

Länge: 10 m
Gewicht: 3000 kg (3 Tonnen), das entspricht dem Gewicht von sechs Pferden

Iguanodon war einer der ersten Ornithopoden-Dinosaurier mit Riesenwuchs. Er war nahe mit den Entenschnabeldinosauriern (Hadrosaurier) verwandt, die später noch viel größer wurden. In der Zeit von *Iguanodon* streiften *Neovenator* und andere große, räuberische Dinosaurier durch Europa. Vermutlich konnte sich *Iguanodon* aber mit seinem spitzen Daumenstachel und den kräftigen Hinterbeinen wirksam verteidigen.

Ein riesiger und kräftiger Schnabel!

Im Detail

An den stabilen Armknochen setzten die kräftigen Flugmuskeln an.

Die Flügel der Pterosaurier waren kompliziert aufgebaut. Sie enthielten Muskeln und Blutgefäße; elastische Fasern spannten die Flughaut auf.

Wie groß?

Länge: 11 m
Gewicht: 250 kg

Quetzalcoatlus hatte eine Flügelspannweite von 11 m und eine Schulterhöhe von 2 m. Dank seiner leichten, hohlen Knochen dürfte er aber nur 250 kg gewogen haben. Für ein Tier dieser Größe war er also sehr leicht – eine ähnlich große Giraffe wiegt über 2000 kg. Einige Experten vermuten sogar, dass *Quetzalcoatlus* und andere Flugsaurier noch leichter waren, vielleicht etwas leichter als ein erwachsener Mensch.

So sah er aus

Wie alle Pterosaurier hatte auch *Quetzalcoatlus* lange Arm- und Handknochen und einen enorm langen vierten Finger. Von den Händen spannte sich eine Flughaut zum Körper und zu den Hinterbeinen. Kein lebendes Tier hat ähnlich konstruierte Flügel. *Quetzalcoatlus* konnte aber nicht nur hervorragend fliegen, sondern auch seine Flügel einfalten und auf allen vieren laufen. Dabei trat er mit den drei kleinen, krallenbewehrten Fingern auf, die etwa am Knick des Flügels hervortraten. Vermutlich ist er sogar häufiger gelaufen als geflogen. Er hatte einen langen Hals, einen riesigen, storchartigen Kopf und trug einen Knochenkamm oben auf dem Kopf. Vermutlich wuchsen in der Haut von *Quetzalcoatlus* haarartige Borsten, wie bei den anderen Flugsauriern.

andere Tiere **verschlucken.**

WOW!
Der riesige Schädel von *Quetzalcoatlus* war etwa 2 m lang. Damit gehört er zu den Landtieren mit den längsten Schädeln.

Große Öffnungen senkten das Gewicht des mächtigen Schädels.

Das erzählen die Knochen

Bis heute ist unklar, wie sich *Quetzalcoatlus* verhielt. Vielleicht beugte er den steifen Hals und pickte mit dem langen, storchartigen Schnabel Beutetiere vom Boden auf. Die langen Hinterbeine und andere körperliche Merkmale sprechen dafür, dass er ausgezeichnet gehen konnte.

Gallimimus
Riese in Hühnergestalt

Gallimimus war ein riesiger, zweibeiniger Dinosaurier, der aussah wie ein Strauß. Er hatte zahnlose Kiefer und ernährte sich vermutlich von kleinen Tieren. Daneben fraß er jede Menge Blätter und Früchte.

Wo lebte er?

MONGOLEI

Rinchen Barsbold, Halszka Osmólska und Ewa Roniewicz gruben den ersten *Gallimimus* zu Beginn der 1970er-Jahre in der Wüste Gobi aus, der größten Wüste Asiens. Dort wurden nicht nur viele wichtige Fossilien, sondern auch die ersten Dinosauriereier gefunden.

So sah er aus

Gallimimus war ein Ornithomimosaurier (Straußendinosaurier). Diese Dinosaurier waren zahnlos, hatten lange Hände mit drei Fingern und liefen auf kräftigen Hinterbeinen. Vermutlich lebten sie so ähnlich wie die heutigen Strauße – mit einem wichtigen Unterschied: Die Straußendinosaurier hatten lange Hände, um nach Beute zu greifen oder Zweige zum Maul zu ziehen.

Beim Gehen balancierte er mit dem langen Schwanz.

WOW! Wahrscheinlich konnte Gallimimus sehr schnell rennen – möglicherweise bis zu 50 km/h schnell. Vermutlich landete nur selten ein flüchtender Gallimimus im Magen von Raubtieren.

Mit den langen Fingern und Krallen griff er nach Früchten, konnte kleine Beutetiere packen und festhalten sowie in der Erde nach Knollen graben.

Das erzählen die Knochen

Gallimimus hatte riesige Augen und dürfte sehr gut gesehen haben. So konnte er Beute machen oder ein Raubtier wie den Tyrannosaurier *Tarbosaurus* frühzeitig entdecken.

Wie bei den meisten Vögeln saßen auch bei *Gallimimus* die Augen auf der Seite des Kopfes.

Wie groß?

Länge: 6 m
Gewicht: 400 kg

Wie alle zweibeinigen Dinosaurier war *Gallimimus* zwar ziemlich lang (so lang wie ein Elefant), aber vergleichsweise leicht. Hals und Schwanz machten den größten Teil der Länge aus: Mit den langen Beinen und dem langen Hals brachte er es auf 3–4 m Höhe über dem Boden. Da sein Gehirn nur so groß wie ein Straußengehirn war, dürfte er nicht besonders clever gewesen sein. Auf ein angreifendes Raubtier reagierte er wahrscheinlich mit Flucht, aber er konnte kräftig treten und Schnabelhiebe verteilen.

WOW!
Gallimimus war ein Riese unter den Straußendinosauriern, denn die meisten erreichten kaum 4 m Länge. Nur *Deinocheirus* war noch größer: Er brachte es auf 10 m Länge oder mehr.

Er sah aus wie ein Vogel, war aber so lang, wie ein kleines **Haus** hoch ist!

Im Detail

Velociraptor
Ein leichtes, schnelles Raubtier

Seit seiner Rolle im Film „Jurassic Park" gehört *Velociraptor* zu den Stars unter den fleischfressenden Dinosauriern, obwohl der Film eigentlich den viel größeren *Deinonychus* mit einem breiteren Kopf zeigt. Der echte *Velociraptor* war ein kleines, leichtes Raubtier von 2 m Länge.

Wo lebte er?

MONGOLEI

Velociraptor kommt ausschließlich in der Mongolei und in China vor. Die Fossilien wurden von einer amerikanischen Expedition in den 1920er-Jahren in Gesteinsschichten der Oberkreide gefunden. Sie waren eigentlich auf der Suche nach prähistorischen Menschen und Säugetieren. Die spektakulären Funde machten die Wüste Gobi berühmt. Seit damals wurden weitere Fossilien von *Velociraptor* gefunden.

So sah er aus

Velociraptor war ziemlich klein und lief auf zwei Beinen. Er hatte lange Arme und Hände sowie einen langen, schmalen Kopf. Auf seinem Körper wuchsen Federn, der lange, schlanke Schwanz war ziemlich steif. Er war nahe verwandt mit dem größeren *Deinonychus* und hatte ähnlich kräftige, muskulöse Hinterbeine mit einer hoch gewölbten Sichelkralle an der zweiten Zehe. Da der kurze erste Zeh den Boden nicht berührte, lief er auf dem dritten und vierten Zeh. Wie anderen vogelartigen Raubtieren wuchsen *Velociraptor* lange Federn.

Lange, einander überlappende Knochenstäbe machten den Schwanz steif wie einen Stock.

Die Fossilien beweisen, dass *Velociraptor* auf beiden Seiten des Schwanzes lange Federn wuchsen.

Der schlanke Hals war beweglich, *Velociraptor* konnte damit schnell zustoßen und hacken.

Wie groß?

Länge: 2 m, so lang wie ein durchschnittlicher Mann

Gewicht: 15 kg; ein durchschnittlicher Mann wiegt mehr als viermal so viel

Velociraptor war für einen Dinosaurier klein und leicht; vermutlich ging er großen Raubtieren aus dem Weg. Für das „Super-Raubtier", das viele Menschen in ihm sehen, war er viel zu klein. *Velociraptor* jagte Echsen, Säugetiere und andere kleine Beutetiere. Vielleicht konnte er Dinosaurier töten, die so groß waren wie er selbst, wenn er im Rudel auf die Jagd ging.

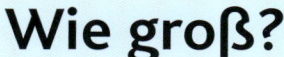

WOW!

An einer Fundstätte war ein Kampf zwischen *Velociraptor* und *Protoceratops* als Fossil „eingefroren": Der *Protoceratops* hatte sich im Arm von *Velociraptor* verbissen, während dessen linke Sichelkralle im Hals des Pflanzenfressers steckte.

Im Detail

Klein, aber ein perfekter Jäger!

Das erzählen die Knochen

Die Experten streiten noch darüber, wie *Velociraptor* die Sichelkralle an seinem zweiten Zeh benutzte. Stach er damit wie mit einem Messer zu oder schlitzte er Bauch oder Hals seiner Beute auf? Kletterte er damit vielleicht auf Bäume? Da seine Kralle große Ähnlichkeit mit Katzenkrallen hat, benutzte er sie vielleicht zum Kratzen und um Wunden zu reißen.

57

Parasaurolophus
Schwerer Pflanzenfresser mit Kopfschmuck

Parasaurolophus ist die „Echse mit dem Scheinkamm" und eine besonders unglaubliche Form der Entenschnabeldinosaurier (Hadrosaurier, mit einem Schnabel wie unsere Enten). Der lange, nach hinten gerichtete Knochenkamm enthielt vier Röhren, die sich an der Spitze vereinigten und die innere Länge vergrößerten.

Wo lebte er?

Parasaurolophus lebte nur in Nordamerika. Die Fossilien wurden von Alberta in Kanada bis weit in den Süden nach New Mexico gefunden. Viele dieser üppig ausgestatteten Entenschnabeldinosaurier lebten 10–5 Millionen Jahre vor dem Ende der Oberkreide und starben bis zum Ende der Epoche aus. *Parasaurolophus* und seine Verwandten entwickelten sich vermutlich aus asiatischen Vorfahren, die über eine Landbrücke nach Nordamerika eingewandert waren.

Der Hals war entweder schlank wie bei einem Vogel oder, wie auf diesem Bild, kräftiger und muskulöser gebaut.

Von den Hüftknochen zogen enorm starke Muskeln bis in die Seiten des Schwanzes.

Das erzählen die Knochen

Die meisten Experten gehen davon aus, dass ein Entenschnabeldinosaurier mit dem Kamm auf seinem Kopf laut trompeten konnte. Der Kamm war innen hohl und in komplizierte Kammern unterteilt. Wenn die Tiere Luft hineinbliesen, waren die Töne vermutlich weithin hörbar.

Bei zwei der drei bekannten *Parasaurolophus*-Arten war der Kamm lang und leicht gebogen, bei der dritten kurz und hakenförmig.

So sah er aus

Parasaurolophus war im Vergleich mit den anderen Entenschnabeldinosauriern sehr kräftig gebaut. Er hatte starke Muskeln, kürzere, gedrungene Beine sowie breitere Schultern und Hüften als die meisten anderen Arten. Der lange „Kopfschmuck" muss sehr auffällig gewesen sein – wahrscheinlich spielte er bei der Paarsuche eine Rolle. Er ist eine Sonderbildung der Schnauzenknochen, die sich nach oben und rückwärts verlängerten. Seine Schnauze war relativ kurz. Bei manchen Entenschnabeldinosauriern zeichnet sich eine Art Saum auf dem Rücken ab. Möglicherweise zog sich auch bei *Parasaurolophus* ein Saum vom Hals bis zu dem Knochenkamm.

Wie groß?

Länge: 10 m
Gewicht: rund 2270 kg (fast 2,3 Tonnen)

Wenn *Parasaurolophus* auf allen Vieren lief, war der Buckel auf dem Rücken 3 m über dem Boden. Er konnte sich aber auf die Hinterbeine stellen und reichte dann 5 m hoch. Für einen Hadrosaurier war er nur mittelgroß, denn unter seinen Verwandten gab es 16 m lange Riesen.

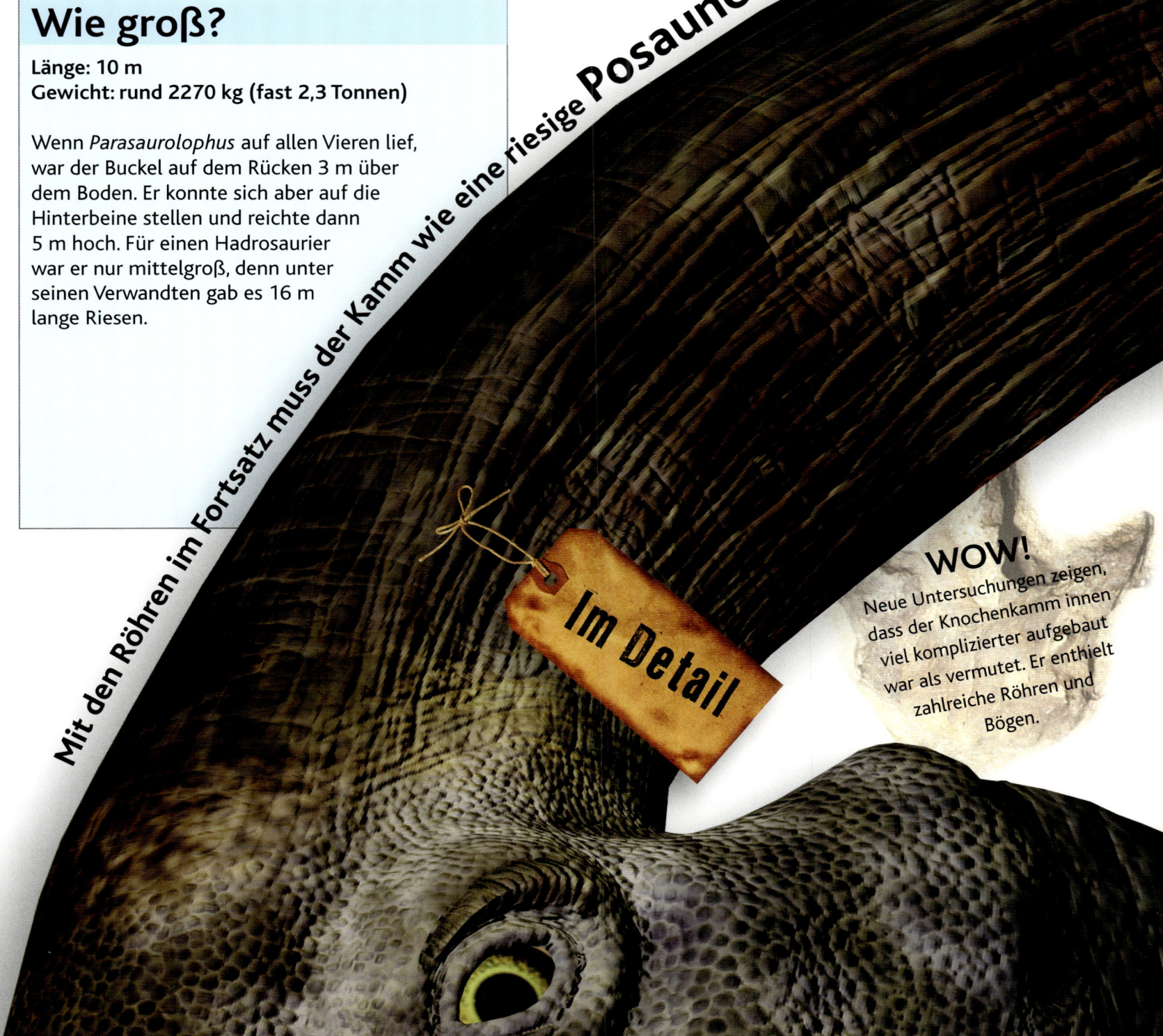

Mit den Röhren im Fortsatz muss der Kamm wie eine riesige Posaune geklungen haben!

Im Detail

WOW!

Neue Untersuchungen zeigen, dass der Knochenkamm innen viel komplizierter aufgebaut war als vermutet. Er enthielt zahlreiche Röhren und Bögen.

Tyrannosaurus
Der Star unter den Raubtieren

Tyrannosaurus war einer der größten und kräftigsten fleischfressenden Dinosaurier; nur der in Afrika lebende *Spinosaurus* dürfte noch etwas größer gewesen sein. Er jagte *Triceratops* und andere große Pflanzenfresser und hatte einen riesigen Schädel, mit dem er unglaublich fest zubeißen konnte.

Wo lebte er?

Tyrannosaurus lebte vor ungefähr 65 Millionen Jahren am Ende der Kreide. Die ersten Fossilien wurden 1902 in Montana (USA) gefunden, seinen Namen bekam er 1905. Der „König der Schreckensechsen" wurde rasch berühmt. Inzwischen sind weitere Fundorte bekannt: von Saskatchewan und Alberta in Kanada bis nach New Mexico (USA). Vermutlich streifte *Tyrannosaurus* durch den gesamten Westen Nordamerikas.

Die breite Schnauze war vorne abgerundet; sein Hinterkopf war noch breiter.

Die riesigen Kiefermuskeln waren enorm stark.

Die riesigen Fleischfresser balancierten Kopf und Körper mit dem schweren Schwanz aus.

Die stabilen Beinknochen deuten darauf hin, dass *Tyrannosaurus* für seine Größe schnell laufen konnte.

So sah er aus

Alle großen Tyrannosaurier liefen auf zwei Beinen, *Tyrannosaurus* machte keine Ausnahme. Er hatte einen kräftigen Hals, einen Riesenschädel und kurze Hände mit zwei Fingern. Seine Augenhöhlen waren etwas nach vorn gerichtet, sodass *Tyrannosaurus* vermutlich räumlich sehen konnte. Über den Augen und auf der Schnauze saßen Knochenbuckel und stumpfe Hörner. Die Vorderzähne waren kürzer als die in der Mitte des Kiefers und ganz hinten saßen kurze, kräftige Zähne. Aus Hautabdrücken ist bekannt, dass *Tyrannosaurus* eine schuppige Haut besaß; vielleicht saßen an Armen, Kopf oder Hals einige Federn.

Das erzählen die Knochen

Alle hoch entwickelten Tyrannenechsen (*Tyrannosaurus* und seine Verwandten) hatten Hände mit zwei Fingern – Daumen und Zeigefinger. Reste des Mittelfingers waren mit der Handfläche verwachsen. Die Finger waren groß und kräftig und am Daumen saß eine große, gebogene Kralle.

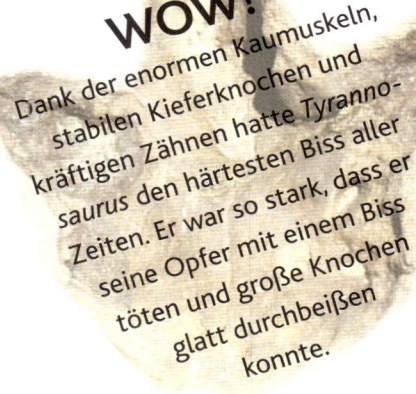

WOW!

Dank der enormen Kaumuskeln, stabilen Kieferknochen und kräftigen Zähnen hatte *Tyrannosaurus* den härtesten Biss aller Zeiten. Er war so stark, dass er seine Opfer mit einem Biss töten und große Knochen glatt durchbeißen konnte.

Wie groß?

Länge: 12 m
Gewicht: 5500 kg (5,5 Tonnen)

Tyrannosaurus war massig gebaut, mit einem tonnenförmigen Körper und zahlreichen Muskeln an Hals, Beinen und Schwanz. Sein Schwanz war kürzer als bei den früheren Raubsauriern wie *Allosaurus*, dafür hatte er einen viel größeren Kopf und längere, schlanke Füße. Das Gewicht eines Dinosauriers ist schwer zu schätzen, daher gibt es für *Tyrannosaurus* unterschiedliche Angaben. Er dürfte aber mindestens 4500 kg gewogen haben, manche Experten schätzen ihn sogar auf 9000 kg oder mehr.

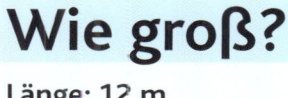

Maiasaura

Ein familienfreundlicher Dinosaurier

Maiasaura war ein Entenschnabel-dinosaurier (Hadrosaurier); der Name bedeutet „gute Mutterechse". Aus der Lage der Fossilien konnten Forscher das Verhalten der Hadrosaurier am Nest ablesen. *Maiasaura* bewachte die Eier und kümmerte sich später um die Jungen.

So sah er aus

Maiasaura war ein typischer pflanzenfressender Hadrosaurier, der einem *Iguanodon* ähnlich sah. Er hatte muskulöse Hinterbeine, Füße mit drei Zehen und einen entenartigen Schnabel. An dem massigen Körper saßen ein langer, muskulöser Schwanz und ein leicht gebogener Hals. Oberhalb der Augen zog sich ein Knochenkamm über den Kopf; vielleicht war er farbig und sollte einen Partner anlocken. An den schlanken Armen saßen Hände mit vier Fingern (ohne Daumen). Vermutlich lief er auf den inneren drei Fingern, die mit Häuten verbunden waren.

Wo lebte er?

USA

Obwohl *Maiasaura* erst 1979 „getauft" wurde, gehört er zu den am besten bekannten Hadrosauriern. Insgesamt wurden mehrere Hundert Exemplare ausgegraben, darunter auch kleine Babys, Jungtiere und fast erwachsene Tiere. Außerdem sind Nester, Eier und noch nicht geschlüpfte Embryos bekannt. Alle Fossilien von *Maiasaura* stammen aus Montana. Der Dinosaurier lebte in der Oberen Kreide, allerdings viele Millionen Jahre vor dem Ende der Kreidezeit.

WOW!
Die Ausgrabungen am Nistplatz von Montana haben gezeigt, dass Maiasaura neue Nester auf die alten baute. Wahrscheinlich kehrten die Tiere also Jahr für Jahr an dieselbe Stelle zurück.

Verletzte Schwanz-knochen könnten bedeuten, dass der Schwanz schmerz-haft gebogen wurde oder ein anderes Tier darauf trat.

Während der vordere Teil des Mauls zahnlos war, steckten weiter hinten Hunderte von kleinen, rautenförmigen Zähnen im Kiefer.

Das erzählen die Knochen

Die fossilen Nester und Eier beweisen, dass die geschlüpften *Maiasaura-Babys* eine Zeit lang im Nest blieben. Dabei haben sie die Eierschalen in kleine Stückchen zertrampelt. In dieser Zeit wurden sie von einem oder beiden Eltern gefüttert. Vielleicht trugen die Eltern das Futter im Magen und würgten es vor den Jungen wieder aus.

Wie groß?

Länge: 9 m
Gewicht: 1800 kg (1,8 Tonnen)

Maiasaura war ein typischer mittelgroßer Entenschnabeldinosaurier. Eigentlich entsprach er genau dem Durchschnitt, denn ihm fehlten jegliche Sonderbildungen: Andere Arten hatten Hände wie Hufe und liefen wahrscheinlich ständig auf allen vieren. Wenn das stimmt, weideten diese Dinosaurier Pflanzen vom Boden ab wie heutige Weidetiere. Sie konnten sich aber auch auf die Hinterbeine stellen und die Blätter von einem mehrere Meter hohen Baum fressen.

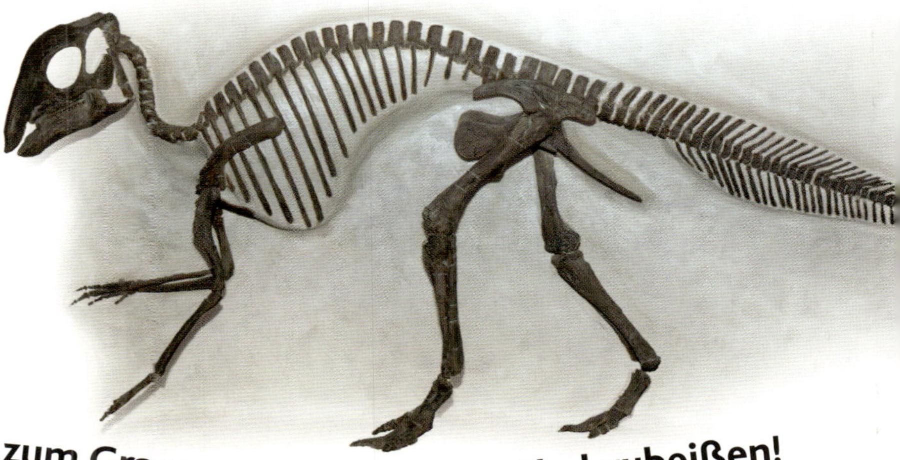

Der Knochenschnabel war nicht nur **ideal** zum Grasen, er konnte auch übel zubeißen!

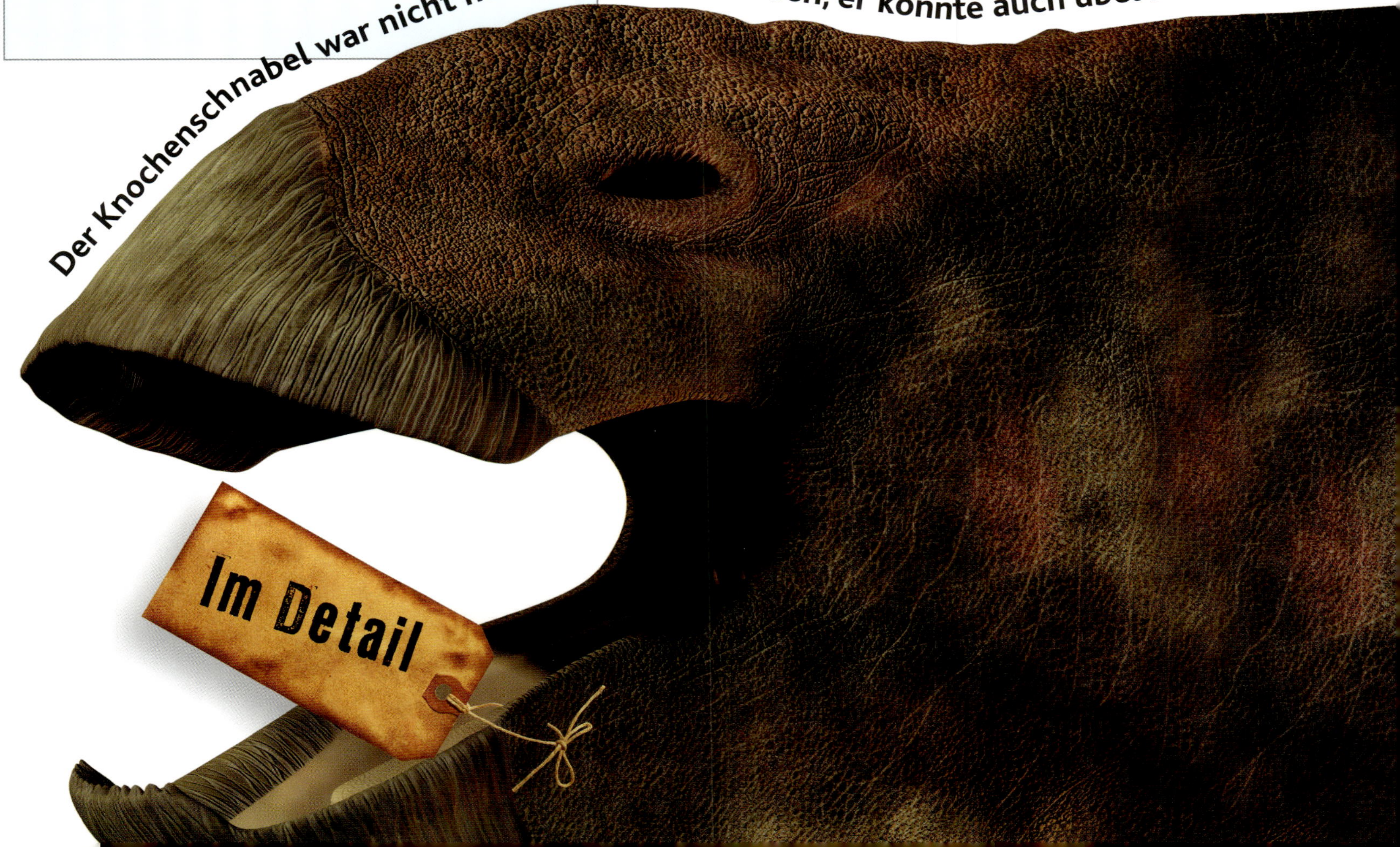

Im Detail

Triceratops

Riesige Nüstern unter drei Hörnern

Triceratops ist einer der bekanntesten Dinosaurier. Er war ein gigantischer Pflanzenfresser mit einem mächtigen Nackenschild und drei Hörnern. Aus den Fossilien lässt sich ablesen, dass zwei *Triceratops* sich mit den Hörnern verhakten und kämpften – vielleicht während der Paarungszeit.

So sah er aus

Der Name bedeutet „Dreihorngesicht", denn *Triceratops* hatte drei Hörner: ein kurzes auf der Nase und je ein langes Horn über den Augen. Vom hinteren Rand des Schädels breitete sich ein Knochenschild aus und über den Wangen saßen dreieckige Knochenplatten. Mit seinem großen, kräftigen Schnabel konnte er selbst harte Stängel und Blätter abschneiden. Die kleinen, dreieckigen Knochen am Rand des Knochenschildes finden sich nicht bei allen Fossilien. Vielleicht verwuchsen sie bei älteren Tieren mit dem Knochen. *Triceratops* hatte kurze, muskulöse Vorderbeine mit kurzen Händen und fünf Fingern. Die Füße der längeren Hinterbeine hatten vier Zehen.

WOW!

Trotz seines enorm langen Schädels hält *Triceratops* nicht den Rekord. Einige Arten des *Torosaurus* brachten es auf 2,60 m lange Schädel und von *Pentaceratops* wurde sogar ein 3 m großer Schädel gefunden.

Wie groß?

Länge: 8 m, dreimal so groß wie ein heute lebendes Nashorn
Gewicht: 5500 kg (5,5 Tonnen)

Während die meisten gehörnten Dinosaurier etwa so groß wurden wie ein Nashorn, war *Triceratops* ein Gigant, eine der größten Arten der Gruppe. Sein Schädel war fast 2,50 m lang und die großen Hörner konnten 1 m lang werden. Bis heute sind zwei Arten bekannt. Der größere *Triceratops horridus* war etwa so groß wie ein Elefant und ebenso schwer. Ein großer *Triceratops* brachte es auf eine Rückenhöhe von 3 m.

Im Detail

Die spitzen **Hörner** war

Wo lebte er?

Wie die meisten gehörnten Dinosaurier (sie werden Ceratopsiden genannt) kam *Triceratops* nur in Nordamerika vor. Seine Fossilien wurden in den USA (in den Bundesstaaten Montana, Wyoming und South Dakota) und in Kanada gefunden. Die ersten gefundenen Fossilien (1887) waren mächtige Hörner – kein Wunder, dass die Ausgräber dachten, sie hätten einen Riesenbison gefunden. *Triceratops* lebte am Ende der Kreide.

Das erzählen die Knochen

Triceratops hatte enorm große, kompliziert aufgebaute Nüstern (Nasenlöcher). In jedem Nasenloch saß eine große Knochenplatte mit merkwürdigen Vorsprüngen und Hohlräumen. Niemand weiß, welchem Zweck sie dienten. Eine Theorie besagt, dass die Dinosaurier während der Paarungszeit Hautsäcke aufblasen konnten.

Über einem Kern aus Knochen saß eine dicke, schützende Hornschicht.

gefährliche Waffen!

Der Körper war massig und breit und etwa so schwer wie ein Elefant.

Der kurze Schwanz hing normalerweise nach unten.

Citipati
Kurzer Schwanz und langer Hals

Citipati ist ein besonders gut erforschter Oviraptorid. Diese Dinosauriergruppe hatte Federn, eine Art zahnlosen Papageienschnabel und einen kurzen Schwanz. Die Oviraptoriden waren eng mit den Vögeln verwandt und sahen vermutlich so ähnlich aus wie die heutigen flugunfähigen Emus. Früher dachte man, sie würden Eier fressen.

Wo lebte er?

MONGOLEI

Die Fossilien von *Citipati* wurden in Gesteinen der Oberen Kreide von Ukhaa Tolgod in der Mongolei entdeckt. Dort gelangten in den letzten Jahren viele wundervoll erhaltene Fossilien ans Licht. Nachdem einige der älteren Fossilien zunächst als *Oviraptor* identifiziert wurden, ist *Citipati* seit 2001 als neue Art akzeptiert.

Für einen Dinosaurier hatte er einen ziemlich kurzen Schwanz.

Obwohl *Citipati* Federn auf Hals, Rücken und Schwanz trug, konnte er nicht fliegen.

Seine kurzen Kiefer ähneln denen eines Papageis. Vom Oberschnabel zog sich ein Knochenkamm über den Kopf nach hinten.

WOW!
Citipati trägt den Spitznamen „Big Mama" (Große Mutter), weil eines der Fossilien noch auf einem Nest voll Eier saß. *Citipati* hatte die Beine eingeknickt und hielt die Arme schützend um die Eier.

Die langen, schlanken Hände hatten drei Finger mit großen, stark gekrümmten Krallen.

Dinosaurier-Quiz

So, nun hast du einige Dinosaurier von ganz nah gesehen und viel über ihr Leben gelernt. In dem Quiz kannst du testen, was du davon behalten hast. Wenn du alle Antworten weißt, darfst du dich „Dinosaurier-Experte" nennen.

Wer könnte wohl die stärksten Kiefer, den größten Kamm, den längsten Schnabel oder Raubtierkrallen haben? Viel Glück!

Dinosaurier-Quiz

Teste dein Wissen

In diesem Test kannst du zeigen, was du über das Leben der Urzeit weißt – auf dem Land, im Meer und in der Luft. Die Antworten findest du neben den Fragen, aber versuche zuerst selbst die Antwort zu finden.

Wie bewegten sich die Flossen?

Als die Dinosaurier die Erde bevölkerten, lebten die Plesiosaurier im Meer. Ihre Arme und Beine wandelten sich in flügelartige Flossenpaddel um. Sie waren flach, liefen spitz zu und waren über kräftige Muskelstränge mit dem Körper der Plesiosaurier verbunden. Wie benutzten sie diese „Paddel"?

A Sie bewegten die Flossen wie Ruder vor und zurück.

B Sie schlugen damit auf und ab, als ob sie im Wasser flögen.

C Sie hielten die Flossen steif und schlugen mit dem Schwanz auf und ab.

Antwort: B ist wahrscheinlich richtig. Es könnte allerdings sein, dass sie auch mit den Flossen „ruderten". Der Schwanz spielte keine Rolle beim Schwimmen.

Was machte dieser Dinosaurier?

Argentinosaurus und die anderen riesigen Sauropoden hatten Beine stark wie Säulen und sehr lange Hälse. Sie wogen über 90000 kg und waren die größten Landtiere aller Zeiten. Auf ihren mächtigen Körpern saßen breite Köpfe mit stumpfen Schnauzen. Die Zähne waren geformt wie Löffel oder Meißel. Was machten diese gewaltigen Dinosaurier?

A Sie fraßen Blätter aus den Baumkronen.

B Sie schwammen im Meer und fraßen Algen.

C Sie gruben Löcher in die Erde und fraßen Insekten aus ihren Bauen.

Antwort: A ist richtig. Die Zähne der Sauropoden waren an das Abreißen von Blättern angepasst und mit dem langen Hals erreichten sie auch hohe Baumkronen. Sie konnten den biegsamen Hals aber auch bis auf den Boden neigen.

Wessen Fuß ist das?

Das Tier, zu dem dieser Fuß gehört, lief meist nur auf zwei Zehen. Die innere, kleine Zehe reichte nicht bis auf den Boden. Die große zweite Zehe trug eine enorme, gebogene Kralle, die beim Laufen nicht aufgesetzt wurde. Wem gehört der Fuß?

A Dem vogelartigen Raubtier *Velociraptor*.
B Dem riesigen Pflanzenfresser *Diplodocus*.
C Dem schwimmenden Plesiosaurier *Liopleurodon*.

Antwort: A ist richtig. *Velociraptor* war ein Dromaeosaurier. Diese Fleischfresser töteten ihre Beute mit der verlängerten zweiten Kralle. Damit schnitten sie tiefe Wunden in die Haut oder rissen Blutgefäße auf.

Wozu diente dieser Kamm?

Parasaurolophus trug diesen Knochenkamm auf seinem Hinterkopf. Bei einigen Arten war er kurz und gebogen, bei anderen lang und gerade. Er war hohl und in mehrere Röhren untergliedert. Was machte *Parasaurolophus* damit?

A Er speicherte Luft darin, wenn er untertauchte.
B Der Kamm verstärkte die Rufe und ließ sie tiefer klingen.
C Er brach damit Zweige von den Bäumen ab.

Antwort: B ist richtig. Durch die Hohlräume und Röhren klangen die Rufe der Entenschnabel-dinosaurier wie *Parasaurolophus* lauter und tiefer. Vielleicht wurden die eindrucksvollen Kämme aber auch zum Imponieren gebraucht, um einen Partner zu beeindrucken.

Wozu diente dieser Arm?

Dieser Arm gehört dem fleischfressenden *Allosaurus*. Der Arm ist kurz, hat aber kräftige Muskeln. *Allosaurus* hielt die dreifingrige Hand mit der Handfläche nach innen. Die drei Krallen sind lang, gebogen und enden in einer scharfen Spitze. Was machte *Allosaurus* mit diesen Armen?

A Er grub Wurzeln aus.
B Er hielt andere Dinosaurier damit fest.
C Er griff nach Zweigen und kletterte auf Bäume.

Antwort: B ist richtig. Die kräftigen Arme mit den scharfen, gebogenen Krallen sind wie Waffen gebaut. *Allosaurus* dürfte damit also die Beutetiere umklammert haben, während er mit seinen scharfen Zähnen zubiss.

Das erzählen die Knochen

Citipati hatte keine Zähne, aber zwei kleine, zahnartige Vorsprünge auf seinem Gaumen. Damit konnte er vermutlich die harten Schalen von Früchten oder Krustentieren aufbrechen. Als man ihn noch für einen Eierdieb hielt, dachte man, damit würde er die Eier aufknacken. Möglicherweise fraßen alle Oviraptoriden gelegentlich auch Eier.

Keine Zähne, sondern ein Hornschnabel!

Im Detail

Wie groß?

Länge: 3 m
Gewicht: 50 kg

Citipati war ein ziemlich großer Oviraptorid, etwa so groß wie der größte moderne Vogel, der Strauß. Die meisten seiner Verwandten waren deutlich kleiner und wurden etwa 2 m groß. Wahrscheinlich waren diese kleinen Dinosaurier anpassungsfähig und ernährten sich von verschiedenen Pflanzen und Tieren. Einige Verwandte von *Citipati* waren echte Riesen. Der *Gigantoraptor* aus China war so groß wie ein Tyrannosaurier: Er hatte eine Hüfthöhe von 3 m, war 8 m lang und wog über eine Tonne.

So sah er aus

Citipati hatte ein V-förmiges Gabelbein (der „Wunschknochen" der Vögel) und kräftige Brustknochen. Aus Fossilien von *Caudipteryx* – einem kleinen Verwandten der Oviraptoriden – lässt sich schließen, dass *Citipati* Federn am Körper, den Armen und Händen wuchsen. Vielleicht benutzte er die fächerartigen Schwanzfedern bei der Werbung um die Weibchen.

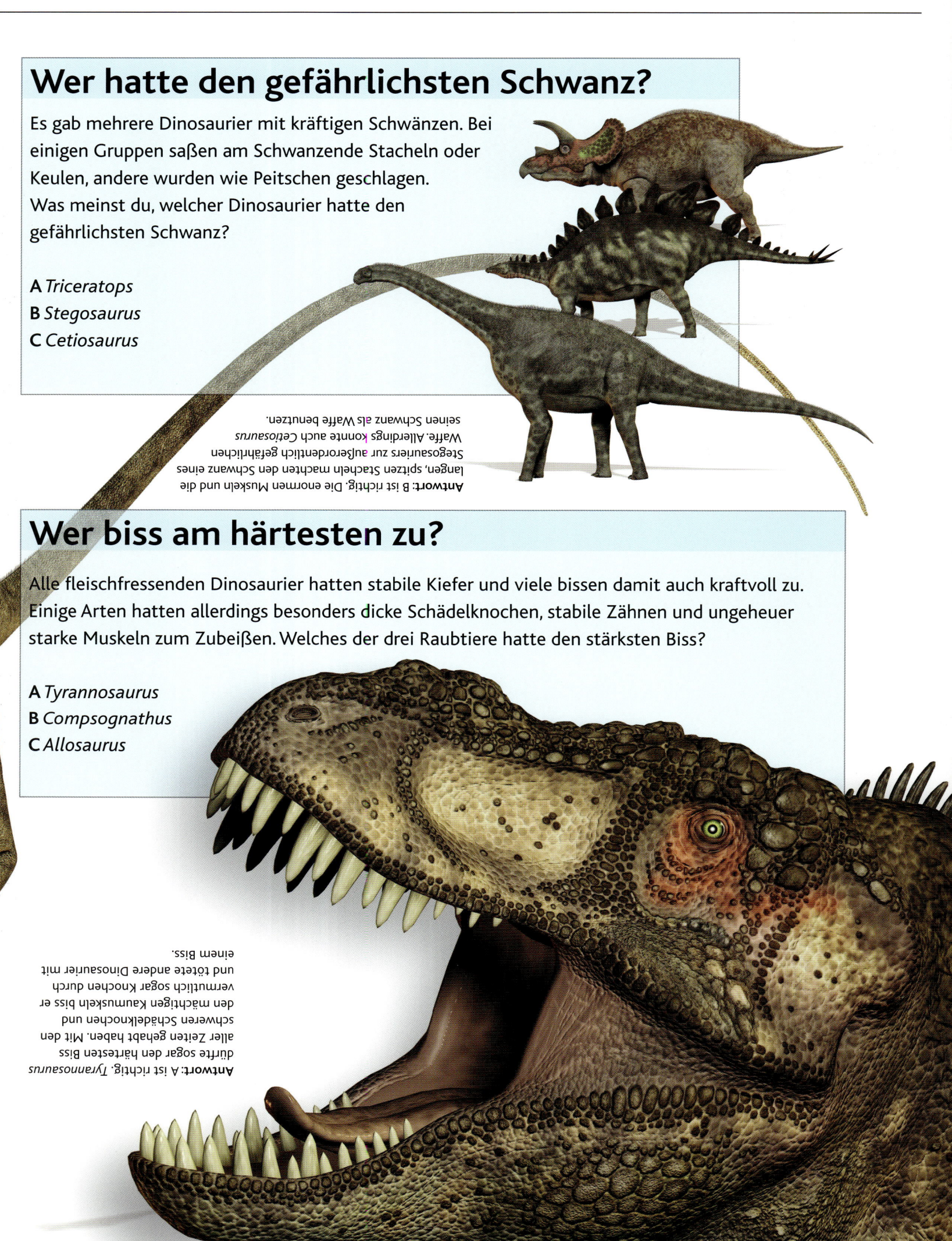

Wer hatte den gefährlichsten Schwanz?

Es gab mehrere Dinosaurier mit kräftigen Schwänzen. Bei einigen Gruppen saßen am Schwanzende Stacheln oder Keulen, andere wurden wie Peitschen geschlagen. Was meinst du, welcher Dinosaurier hatte den gefährlichsten Schwanz?

A *Triceratops*
B *Stegosaurus*
C *Cetiosaurus*

Antwort: B ist richtig. Die enormen Muskeln und die langen, spitzen Stacheln machten den Schwanz eines Stegosauriers zur außerordentlich gefährlichen Waffe. Allerdings konnte auch *Cetiosaurus* seinen Schwanz als Waffe benutzen.

Wer biss am härtesten zu?

Alle fleischfressenden Dinosaurier hatten stabile Kiefer und viele bissen damit auch kraftvoll zu. Einige Arten hatten allerdings besonders dicke Schädelknochen, stabile Zähnen und ungeheuer starke Muskeln zum Zubeißen. Welches der drei Raubtiere hatte den stärksten Biss?

A *Tyrannosaurus*
B *Compsognathus*
C *Allosaurus*

Antwort: A ist richtig. *Tyrannosaurus* dürfte sogar den härtesten Biss aller Zeiten gehabt haben. Mit den schweren Schädelknochen und den mächtigen Kaumuskeln biss er vermutlich sogar Knochen durch und tötete andere Dinosaurier mit einem Biss.

Warum war der Schnabel so lang?

Dieser bis zu 1 m lange, spitze Schnabel gehörte dem riesigen Flugsaurier *Quetzalcoatlus*. Der seitlich abgeflachte Schnabel bestand aus Knochen. Allerdings waren die Kaumuskeln zu schwach, um harte Schalen zu knacken. Warum war der Schnabel so lang?

A Damit konnte er Beutetiere aus der Erde buddeln.
B Damit spießte er Fische auf, während er über dem Meer flog.
C Damit pickte er Futter vom Boden auf, während er auf dem Land lief.

Antwort: C ist richtig. *Quetzalcoatlus* und seine Verwandten konnten gut fliegen, aber der Knochenbau ihrer Arme und Beine verrät, dass sie regelmäßig liefen. Dabei pickten sie wohl mit dem Schnabel Tiere, Früchte und anderes Essbare vom Boden auf.

Wer war der Schnellste?

Es gab mehrere Dinosaurier mit langen, kräftigen Beinen, die so ähnlich wie Pferde oder Strauße rannten. Einige waren Raubtiere, andere mussten als Pflanzenfresser vor den Fleischfressern fliehen. Es gab aber auch ziemlich langsame Dinosaurier. Welcher der drei war der schnellste Läufer?

A *Sauroposeidon*
B *Maiasaura*
C *Gallimimus*

Antwort: C ist richtig. *Gallimimus* hatte die langen, kräftigen Beine und die straußenartige Form eines schnellen Läufers. *Sauroposeidon* und andere Sauropoden liefen langsamer, etwa wie ein Elefant. Vermutlich war *Maiasaura* etwas schneller, aber längst nicht so schnell wie *Gallimimus*.

Was fraß er?

Der kleine, leicht gebaute, langbeinige Dinosaurier *Compsognathus* war ganz sicher ein schneller Läufer. Er hatte einen schlanken Hals und schmale Kiefer mit zahlreichen spitzen Säge-zähnen. Die Finger seiner Hände endeten in großen, gebogenen Krallen mit scharfen Spitzen. Was fraß er?

A Blätter, Samen und Früchte
B Kleine Tiere wie Echsen und Insekten
C Große Tiere wie Sauropoden

Antwort: B ist richtig. *Compsognathus* machte eindeutig Jagd auf kleine Tiere. Die Frage kann sogar eindeutig beantwortet werden, weil in einem Fossil der Magen mit einer Eidechse erhalten blieb.

Fossilien

Ein Fenster in die Vergangenheit

Fossilien sind versteinerte Überreste von früher lebenden Tieren und Pflanzen. Meistens handelt es sich um Knochen, Zähne oder Gehäuse, doch die Ausgräber haben auch Pflanzenteile, Tierkot, Fußabdrücke und mikroskopisch kleine Lebewesen gefunden. Fossilien verraten uns, welche aufregenden und faszinierenden Lebewesen unsere Erde in der Urzeit bewohnten: Riesenfische, Dinosaurier, bizarre, riesige Säugetiere und Millionen anderer Tierarten.

Dieser außerordentlich gut erhaltene fossile Fisch wurde unter dem Schlamm eines Sees begraben und verwandelte sich in Stein.

Wie entstehen Fossilien?

Ein Fossil bildet sich immer dann, wenn ein Lebewesen oder eine Spur davon (Fußabdrücke, Eier, Kot) nicht zerfällt, sondern erhalten bleibt. Das ist möglich, wenn das Objekt von Sand, Schlamm oder Staub zugedeckt wird. Im Laufe der Zeit verwandelt sich das einst lebendige Objekt in Stein. Diese Versteinerung dauert gewöhnlich extrem lange. Nur in Ausnahmen – durch bestimmte Chemikalien im Wasser oder in Ablagerungen – kann die Versteinerung innerhalb von Wochen oder sogar Tagen abgeschlossen sein.

Forscher haben Dinosauriereier in vielen Größen und Formen gefunden. Diese rundlichen Eier stammen wahrscheinlich von einem pflanzenfressenden Dinosaurier.

Wie alt?

Fossilien bilden sich nur dann, wenn die Bedingungen stimmen. Solche steinernen Zeugnisse sind aus allen Erdzeitaltern bekannt. Manche sind Millionen, zehn Millionen, Hunderte von Millionen und sogar Milliarden Jahre alt. Die ältesten Fossilien sind 3,5 Milliarden Jahre alte mikroskopisch kleine Bakterien (die sich aber nicht immer eindeutig bestimmen lassen). Fossilien müssen aber nicht unbedingt uralt sein. Manche fossilen Knochen, Blätter und andere Objekte sind „nur" Tausende von Jahren alt. Die meisten Experten nennen alle gut erhaltenen Objekte Fossilien, wenn sie älter sind als 10000 Jahre. Es gibt aber keinen Grund, warum es nicht auch jüngere Fossilien geben sollte, etwa in Bernstein.

Fossilien finden

Fossilien findet man überall; sie sind weder selten noch schwer zu finden. In der Tat kannst du dir mit genügend Ausdauer eine eigene Fossiliensammlung zulegen. Du musst nur wissen, an welchen Stellen sich die Suche lohnt und natürlich auch, ob es erlaubt ist, Fossilien mitzunehmen. Die besten Stellen finden sich dort, wo die Landoberfläche durch Wind oder Wellen abgetragen wurde. An vielen Felsenküsten liegen fossile Muschelschalen zwischen den Steinen, an manchen Stellen sind sogar fossile Haizähne und Fossilien von Dinosauriern und Säugetieren gar nicht so selten.

Wenn die Wellen eine Klippe unterhöhlen, brechen häufig größere Partien aus der Wand und stürzen ab. Dabei werden Schalen und Knochen freigelegt, doch die Suche kann gefährlich sein. An Stellen, wo Kohle abgebaut wird, werden manchmal fossile Pflanzen freigelegt. Auch Steinbrüche sind gute Fundorte. Allerdings besteht auch hier große Gefahr und manchmal braucht man eine Genehmigung, um nach Fossilien zu suchen.

Manchmal gelingt einem glücklichen Fossiliensammler ein wirklich aufregender Fund, wie komplette Skelette oder Schädel von bisher unbekannten Tieren. Bei einem solchen Fund müssen die Experten eines Museums informiert werden. Da neue Arten oft den Namen des Finders bekommen, verraten die wissenschaftlichen Namen von fossilen Tieren und Pflanzen manchmal, wer sie gefunden hat.

Spektakuläre Fossilien

In aller Regel bestehen Fossilien nur aus Bruchstücken der ehemaligen Lebewesen, wie einzelnen Knochen, Schalen oder Blätter. Manchmal wird aber ein wirklich aufregendes Fossil gefunden, das zeigt, wie ein Tier ausgesehen hat oder wie es sich bewegte. Sehr ungewöhnliche Fossilien sind Insekten in Bernstein. Die Tiere blieben an einem Harztropfen, der sich im Laufe der Zeit in Bernstein verwandelte, kleben und wurden darin gefangen. Solche Insekten sehen heute noch genauso aus wie damals, als sie starben. Eine besondere Form von Fossilien sind Mumien. Sie entstehen, wenn Wind oder Sand einen Körper völlig austrocknet. Dann bleiben nicht nur Knochen, sondern auch andere Teile erhalten, die eine Menge Informationen darüber liefern, wie das lebende Tier ausgesehen hat.

Berühmte Fossilien

Einige Fossilien wurden weltberühmt, weil sie außergewöhnlich schön sind oder uns etwas ganz Besonderes über die Evolution der Lebewesen verraten. Gute Beispiele sind der wunderbar erhaltene fossile *Archaeopteryx* aus dem Juragestein oder das fossile Skelett von Lucy – sie war ein *Australopithecus*, einer unserer Vorfahren. *Tyrannosaurus* und *Diplodocus* sind auch solche unglaublichen Fossilien.

Ammoniten sind versteinerte Kopffüßer (eine Form von Weichtieren wie die Kraken), von denen nur ihre spiralig gedrehten Gehäuse erhalten blieben.

Worterklärungen

Allesfresser

Tiere, die sich sowohl von Tieren als auch von Pflanzen ernähren. Viele Allesfresser haben spitze, scharfe Zähne im Vorderkiefer und breiter gebaute Kau- oder Mahlzähne im hinteren Kiefer, um Pflanzen zu zerreiben.

Ceratopsiden

Die Ceratopsiden gehören zur Gruppe der Vogelbeckendinosaurier. Sie werden auch „gehörnte Dinosaurier" genannt, obwohl die ersten Vertreter noch gar keine Hörner hatten. Bei den späteren

Triceratops

Formen, wie dem *Triceratops*, waren die Hörner allerdings mächtiger entwickelt als bei den heutigen Nashörnern.

Dromaeosaurier

Diese Dinosaurier waren Theropoden und ziemlich gefährliche Raubtiere. Sie sahen den Vögeln ähnlich und trugen an der zweiten Zehe eine lange, sichelförmige Kralle.

Evolution

Im Laufe vieler Generationen passen sich alle Lebewesen durch Veränderung des Körperbaus und Verhaltens immer besser an ihre Umwelt an. Auch die heute lebenden Tiere passten sich durch die Evolution an die herrschenden Bedingungen an. Die Fossilien geben uns einen Einblick in die Entwicklung der Tiere.

Haare

Dinosaurier hatten zwar keine echten Haare, aber in der Haut der Pterosaurier wuchsen haarartige Borsten.

Hadrosaurier

Die Hadrosaurier gehören zur Gruppe der Vogelbeckendinosaurier. Es waren Pflanzenfresser mit einem breiten, entenartigen Schnabel – daher der Name Entenschnabeldinosaurier.

Ichthyosaurier

Diese „Fischechsen" waren keine Dinosaurier, sondern eine Gruppe von Reptilien, die im Meer lebten. Sie hatten den Körper von Haien mit langen Schnauzen und zu Flossenpaddeln umgewandelte Beine.

Luftsäcke

Einige Dinosaurier besaßen Luftsäcke in ihren Körpern, manchmal sogar Hohlräume in den Knochen. Sie waren über Röhren mit den Lungen verbunden. Die heutigen Vögel haben ähnliche Luftsäcke.

Plesiosaurus

Plesiosaurier

Plesiosaurier waren nur entfernt mit den Dinosauriern verwandt. Sie hatten zwei Flossenpaare und es gab sowohl Arten mit langen als auch Formen mit kurzen Hälsen.

Pliosaurier

Die Pliosaurier sind Plesiosaurier mit einem kurzen Hals. Die kleinsten Arten maßen nicht einmal 2 m, die größten erreichten über 10 m Länge.

Pterosaurier

Die Flugsaurier oder Pterosaurier waren eng mit den Dinosauriern verwandte, fliegende Reptilien. Ihre Flughaut war am vierten Finger aufgespannt.

Raubtier

Alle Tiere, die andere Tiere jagen, töten und fressen. Als Anpassung an ihre Lebensweise haben sie scharfe Zähne oder lange, spitze Krallen.

Pterodactylus

Reptilien

Reptilien (Kriechtiere) sind schuppentragende Wirbeltiere mit vier Beinen, die Eier legen. Dazu gehören die heute lebenden Eidechsen, Schildkröten und Krokodile sowie ihre ausgestorbenen Vorfahren und Verwandten wie die Dinosaurier.

Sauropoden

Eine Gruppe von Dinosauriern. Sauropoden waren vierbeinige Pflanzenfresser mit langen Hälsen und Schwänzen. Die meisten Arten waren riesig groß.

Solnhofener Plattenkalk

Eine Gesteinsformation, die nach dem bayerischen Ort Solnhofen benannt ist. Der Solnhofener Plattenkalk wird beispielsweise für Steindrucke verwendet (Lithografie). Das Gestein entstand im Jura, als sich feiner Schlick am Boden einer Lagune absetzte.

Stegosaurier

Eine Gruppe der Vogelbeckensaurier, die sich durch mächtige Panzerplatten schützten. *Stegosaurus* trug diese Platten auf dem Hals, Rücken und Schwanz.

Theropoden

Eine Dinosauriergruppe; die meisten Theropoden waren zweibeinige Raubtiere mit spitzen Zähnen und scharfen Krallen an den Fingern.

Stegosaurus

Vogelbeckensaurier

Die meisten Vogelbeckensaurier (Ornithischia) waren Pflanzenfresser. Stegosaurier, Hadrosaurier und die gehörnten Dinosaurier gehörten zu den Ornithischia.

Wirbelknochen

Die Knochen, aus denen die Wirbelsäule zusammengesetzt ist (auch im Hals und Schwanz). Die Wirbel stabilisieren den Körper und schützen die in ihrem Innern verlaufenden Nerven (Rückenmark). Auch viele Muskeln sind an der Wirbelsäule verankert.

*Herrerasaurus –
ein Theropod*

Register

Auf den **fett** gedruckten Seiten wird das Stichwort als Thema behandelt.

Bildnachweis

Marshall Editions dankt für die Überlassung folgender Abbildungen:

o = oben, u = unten, r = rechts, l = links, M = Mitte

Einband: Einband gestaltet von Tim Scrivens – Fotos des Einbands: Shutterstock/Anton9/Shutterstock/Baloncici

Seiten: 2–3 Shutterstock/Anton9; 4 o Shutterstock/Whitechild; 5 ul Corbis/Don Hammond/Design Pics; Getty Images/Stockbyte; 5 ur Shutterstock/Elena Moiseeva; 14 o Corbis/Hoberman Collection; 14 u Shutterstock/Hart Photography; 15 ur Field Museum of Natural History, Chicago; 16 M Shutterstock/Gelpi; 18 u Shutterstock/Jacek Chabraszeski; 19 u Photoshot/Edward R. Degginger; 21 ul Shutterstock/Diana Olsevska; 21 ur Getty Images/Colin Keates/Dorling Kindersley; 23 o Shutterstock/Jacek Chabraszewski; 23 M The Royal Ontario Museum, Toronto; 24 uM Shutterstock/Diana Olsevska; 25 u Corbis/Colin Keates/Dorling Kindersley; 26 u Shutterstock/Jacek Chabraszewski; 27 u Markus Bühler, mit freundlicher Erlaubnis der Paleontological Collection, The Institute of Geology & Paleontology; 29 uM Shutterstock/Hart Photography; 30 u Marshall Editions; 31u Oxford Museum of Natural History; 33 o Photolibrary/Peter Arnold Images/John Cancalosi; 34 Ml Shutterstock/Marcel Mooij; 35 ol Getty Images/Dorling Kindersley/Andy Crawford; 36 ul Shutterstock/Marcel Mooij; 37 or Lehigh Valley Museum of Natural History; 38 ur Ardea/Francois Gohier mit freundlicher Erlaubnis der Western Paleontological Laboratories, OREM, Utah; 39 M Shutterstock/AZ; 40 ul Shutterstock/Swissmacky; 41 or Ardea/Francois Gohier mit freundlicher Genehmigung der Western Paleontological Laboratories; 44 uM Shutterstock/Yalayama; 45 ul Getty Images/Dorling Kindersley; 46–47 Shutterstock/Anton9; 47 ol Ardea/Francois Gohier/Dinosaur National Monument, Utah; 48 Mr Getty Images/Dorling Kindersley/John Downes; 48 ur Shutterstock/Thomas M. Perkins; 52 or Shutterstock/Whitechild; 57 ur Corbis/Louie Psihoyos; 58 Ml DK Images/Colin Keates, mit freundlicher Erlaubnis des National History Museum, London; 58 M Shutterstock/Vinicius Tupinamba; 60 M Shutterstock/Vinicius Tupinamba; 61 ol Corbis/Philip Gould; 62 uM Shutterstock/Yalayama; 63 or Science Photo Library/John Kaprielian; 65 or Getty Images; 65 ur Shutterstock/Cathleen Clapper; 66 M Shutterstock/Andresr; 74 o Shutterstock/Mark R. Higgins; 74 u Shutterstock/Jordan Tan; 75 Shutterstock/AleZanIT